一《ひ》二《ふ》三《み》
(二)

岡本天明《てんめい》・著
奥山一四《ひとし》・補訂

幻冬舎MC

目次

※文中に差別的意味合いのある言葉を掲載していますが、岡本天明《てんめい》が書かれたものを、なるべく忠実に再現するために必要であると判断し、掲載いたしました。御了承ください。

第十三巻　雨の巻《まき》　全十七帖《ちょう》

自　昭和二十年　十月十三日
至　昭和二十年十二月十九日

第一帖　（三三五）

天之日津久大神《あめのひつくのおおかみ》のお筆《ふで》であるぞ。特にお許しもろて書き知らすぞ。十二の巻、説いて知らすのであるぞ。

この巻、雨の巻と申せよ。

この度は、昔からなかりたことといたすのであるから、人民には分からんことであるから、素直にいたすのが一等大切ざぞ。惟神《かんながら》の道とか、神道《しんとう》とか、日本《にほん》の道とか、今の臣民《しんみん》申しているが、それが一等の間違いざぞと申してあろが。惟神《かんながら》とは、神人《かみひと》共に溶け合った姿ざぞ。今の臣民、神なくしているでないか。それで惟神《かんながら》も神道もないぞ。

心大きく、深く、広く持ちてくだされよ。いよいよとなるまでは落としておくから、見当取れんから、よくこの筆読んでおいてくだされよ。世界中に面目ないことないよにせよと申してあろが。足下《あしもと》から鳥立ちても、まだ目覚めんのか。筆、裏の裏までよく読めと申してあろがな。

この道は、ただの神信心とは根本から違うと申してあろが。三千世界《さんぜんせかい》のお道ざぞ。

所の洗濯と、身魂《みたま》の洗濯と、一度になる所あるぞ。

イスラの十二の流れの源、分かる時来たぞ。

命懸けで御用《ごよう》務めていると思うて、邪魔ばかりいたしておろがな。金《きん》や学《がく》や知では大峠越せんぞ。

神は、せよと申すこと、するなと申すこともあるのぞ。裏の裏とはそのことぞ。よく心得てくださりて、取り違いいたすでないぞ。

手の平返すぞ、返さすぞ。

この度の岩戸《いわと》開《びら》きは、人民使うて人民助けるなり。人民は神の入れものとなって働くなり。それが御用であるぞ。

いつでも神懸《かみかか》れるように、いつも神懸《かみかか》っていられるようでなくてはならんのざぞ。

神の仕組《しくみ》、いよいよとなったぞ。

十月十三日《にち》

日津久神《ひつくのかみ》

第二帖　（三三六）

天《てん》の大神様は慈悲深くて、どんな偉い臣民にも底知れぬし、地《ち》の大神様は力あり過ぎて、人民には手におえん、見当取れん。そこで、神々様をこの世から追い出して、悪神《あくがみ》の言うこと聞く人民ばかりとなりていたのであるぞ。七五三《しめ》（注連《しめ》）は神々様を閉め込んで出さぬためのものと申してあること、これで分かるであろうがな。鳥居は釘づけの形であるぞ。キリストの十字架も同様ぞ。キリスト信者よ、改心いたされよ。キリストを十字架に釘づけしたのは、そなた達であるぞ。懺悔《ざんげ》せよ。

○《まる》とは外国のことぞ。⊙《まるてん》が神国《かみぐに》の旗印《はたじるし》ぞ。神国《しんこく》と外国との分け隔て、誤っているぞ。

大き心持てよ。鏡掃除せよ。

上中下三段に分けてある、違う血筋を段々に現《あらわ》すぞよ。びっくり箱開《あ》くぞ。
八、九の次は十であるぞよ。
何事も裏腹と申してあろうが。人が人がと思っていたこと、我《われ》のことでありたであろうがな。よく筆読んでおらんと、キリキリ舞いせんならんぞ。日本が日本がと思っていたこと、外国でありたこともあるであろうがな。

上下《うえした》引っ繰り返るのざぞ。分かりたか。

餓鬼《がき》までも救わなならんのであるが、餓鬼は食べ物やれば救われるが、悪と善と取り違えしている人民、守護神、神々様救うのは、なかなかであるぞ。悪を善と取り違え、天《てん》を地《ち》と、地《ち》を天《てん》と信じている臣民人民、なかなかに改心難しいぞ。

我《われ》と改心できねば、今度はやむを得んことできるぞ。我《われ》ほど偉い者ないと天《てん》狗《ぐ》になっているから、気をつけるほど悪う取りているが、こんな身魂は今度は灰ざぞ。もう待たれんことになったぞ。
十月の十四日《か》
日津久神記《ひつくのかみしる》す

第三帖　（三三七）

草木は、身を動物虫けらに捧げるのが嬉しいのであるぞ。種《たね》は残して育ててやらねばならんのざぞ。草木の身が、動物虫けらの御身《みみ》となるのざぞ。出世するのざから嬉しいのざぞ。草木から動物虫けら生まれると申してあろがな。人の身、神に捧げるのざぞ。神の御身《みみ》となること、嬉しいであろがな。惟神《かんながら》の御身《みみ》とはそのことざぞ。筆よく読めば分かるのざぞ。

この道は、先にゆくほど広く豊かに光り輝き、嬉し嬉しのまことの惟神《かんながら》の道でござるぞ。

筆よく読めよ。どんなことでも人に教えてやれるように知らしてあるのざぞ。

いろはに戻すぞ。一二三《ひふみ》に返すぞ。一二三が元ぞ。天《てん》から弥勒《みろく》様は、水《みず》の御《ご》守護遊ばすなり。日の大神様は、火《ひ》の御《ご》守護なさるなり。このこと魂《たましい》までよく染《し》みておらぬと、御《ご》恩、分からんのざぞ。悪も善に立ち返りて御用するのざぞ。善も悪もないのざぞと申してあろがな。神の国真中に、神国《かみぐに》になると申してあろがな。日本も外国も、神の目からはないのざと申してあろが。神の国あるのみざぞ。分かりたか。改心すれば、魂《たま》の入れ換えいたして、その場から善き方《ほう》に回してやるぞ。何事も我《われ》がしているなら、自由になるのであるぞ。我《われ》の自由にならんのは、させられているからざぞ。このくらいのこと分からんで、神の臣民と申されんぞ。

国々所々に宮柱太しき《みやはしらふと》立てよ。高《たか》知れよ。

この先は筆に出したこと用いんと、我《われ》の考えでは、何事も一切成就せんのざぞ。まだ我《が》出している臣民ばかりであるぞ。従う所には従わなならんぞ。従えばその日から楽になってくるのざぞ。高い所から水流れるようにと申して知らしてあろがな。
十月の十五日《にち》　日津久神《ひつくのかみ》

第四帖　（三三八）

世界の臣民、皆手引き合ってゆく時来たくらい、申さいでも分かっているであろが。それでも、まだまだ一苦労《ひとくろう》、二苦労《ふたくろう》あるぞ。頭で分かっても腹で分からねば、本根《ほんこん》の改心できねば、まだまだ辛《つら》い目に遭《あ》うのざぞ。人民、自分で首《くび》括《くく》るようなことになるのざぞ。分かりたであろ。

天《てん》の御《ご》三体の大神様と、地《ち》のお地《つち》の先祖様でないと、今度の根本のお立て替えできんのざぞ。

分かりても、なかなか分からんであろがな。洗濯足らんのであるぞ。今度はめんめ（面々）にめんめの心、改めてくだされよ。神は改めてあるが、神から改めさすのでは人民かあいそうなから、めんめ、めんめで改めてくだされよ。改まっただけお蔭《かげ》あるのざぞ。

今度の岩戸開《ひら》いたら、末代のことざぞ。天地《てんち》の違いに何事も違うのざぞ。信者引っ張りにいってくれるなよ。皆、神が引き寄せるから、役員の所へも引き寄せるから、訪ねてきた人民に親切尽くして喜ばして帰してやれと申してあろが。人民喜べば、神嬉しきぞと申してあろが。草木も喜ばしてやれよ。筆よく読めば、どうしたら草木動物喜ぶかということも知らしてあるのざぞ。今までの心、大河《おおかわ》に流してしまえば、何もかもよく分かって、嬉し嬉しとなるのざぞ。

まだまだ世界は日に日に忙《せわ》しくなって、言うに言われんことになってくるのざから、上面《うわつら》ばかり見ていると分からんから、心大きく、世界の民《たみ》として、世界に目届けてくれよ。

元のキの神の子と、渡りてきた神の子と、渡りてくる神の子と、三つ揃《そろ》ってしまわねばならんのぞ。アとヤとワと申してあるが、段々に分かりてくるのざぞ。

実地のことは、実地のまことの生き神でないとできはせんぞ。臣民はお手伝いぞ。雨風《あめかぜ》さえどうにもならんであろうが。生き物、何で息しているか、それさえ分からいでいて、何でも分かっていると思っているが鼻高ぞと申すのざ。今のうちに改心すれば、名は現さずに許して、善き方《ほう》に回してやるぞ。早う心改めよ。

十月十六日《にち》　日津久神《ひつくのかみ》

第五帖　（三三九）

筆に書かしたら、日津久神《ひつくのかみ》が天明《てんめい》に書かすのであるから、そのとおりになるのであるぞ。

皆仲良う相談して、悪きことは気つけ合ってやりてくだされ。それがまつりであるぞ。

王（⫯）《おう》の世が王（⫰）《さかさまのおう》の世になっているのを、今度は元に戻すのであるから、そのこと早う分かっておらんと、一寸《いっすん》の地《ち》の上《うえ》にもおれんことになるぞ。

今度の戦《いくさ》済みたら、世界、一平一列一体《いったいらいちれついったい》になると知らしてあるが、一列一平、その上《うえ》に神がいますのざぞ。神なき一平一列は、秋《あき》の空ぞ。

魔（〇）の仕組、神（十）の仕組、早う旗印見て悟りてくだされよ。

神は、臣民人民に手柄いたさして、御《おん》礼申したいのであるぞ。手柄いたさして、万劫末代《まんごうまつだい》名残して、世界唸《うな》らすのざぞ。

これまでのことは一切用いられんことになるのざと申してあろ。論より実地見て、早う改心、結構ぞ。

何事も苦労なしには成就せんのざぞ。苦労なしにまことないぞ。三十年一《ひと》切りぞ。

一二三《ひふみ》腹に入れよ。いろは腹に入れよ。アイウエオ早う畳めよ。

皆えらい取り違いしてござるぞ。宮の跡は、草ボウボウとなるぞ。

祭りの仕方、すくりと変えさすぞ。まことの神の道に返すのざから、今度はまことの生き神でないと、人民やろうとてできはせんぞ。

十月十七日《にち》

日津久神《ひつくのかみ》

第六帖　（三四〇）

筆よく読めと、筆よく腹に入れと申してあるが、筆腹に入れると胴据《す》わるのざぞ。世界からどんな偉い人が出てきて、どんなこと尋ねても、教えてやれるようになるのざぞ。

筆胴に入れて頭下げて、天地《てんち》に働いてくだされよ。祭りてくだされよ。素直になれば、その場から、その場その場で何事も神が教えてやるから、力つけて導いてやるから、どんな神力《しんりき》でも授けてやるぞ。一二三四五六七八九十《ひとふたみよいつむゆななやここのたり》百千卍《ももちよろず》授け申して、神人《かみひと》となるぞ。

我《われ》さえよけらよいとまだ思ってござる臣民、まだでござるぞ。自分一人で生きてゆけんぞ。神ばかりでも生きてはゆけんぞ。爪の垢《あか》でも伊達《だて》についているのではないのざぞ。分からんと申してもあまりでござるぞ。

まつりせよ、地《つち》にまつろえよ、天《あめ》にまつろえよ、人にまつろえよ、草木動物にまつろえよと、くどう知らしてあるのに、まだ分からんのか。神拝《おろが》むばかりが祭りでないぞ。

待ちに待ちにし日の出の御《み》世となりにけり一二三《ひふみ》いろはの世は経ちにけり

身欲《みよく》信心している臣民人民、今に筆聞けぬように、入れもの聾《つんぼ》になるのざぞ。厳しくなってくるぞ。毒にも薬にもならん人民、今度は役に立たんのざぞ。悪気ないばかりでは、ヒツクの御《み》民とは申されんぞ。

あら楽し黒雲一つ払いけり次の一つも払う日近し

寂《さび》しくなりたら、筆訪ねてござれ。筆読まねば、ますます分からんことになったであろが。

天国に底ないように、地獄にも底ないぞ。どこまでも落ちるぞ。

鼻高の鼻折らな、人民何と申しても、神承知できん。

十一月二十三日《ち》

日《ひ》津《つ》久《く》神《のかみ》

第七帖　（三四一）

神の心の分かりた臣民から、助ける御用に掛かりてくれよ。助ける御用とは、清めの御用でござるぞ。天地《てんち》よく見て悟りてくれよ。

三四五《みよいず》の御用は、出来上がりてしまわんと、御用している臣民にはさっぱり分からんのであるぞ。使われているから分からんのであるぞ。出来上がりてから、これは何とした結構なことでありたかと、びっくりするのざぞ。

天之日津久神《あめのひつくのかみ》とは、天《あめ》の一二《ひつく》の神でござるぞ。天《あめ》の☉☽《ひつき》の神でござるぞ。元《もと》神《かみ》でござるぞ。ム（無《む》）の神ぞ。ウ（有《う》）の神ぞ。元のままの肉体持ちてござる御《おん》神様ぞ。地《つち》の日津久《ひつく》の御《おん》神様ぞ。地《つち》の☉☽《ひつき》の御《おん》神様と今度は御《ご》一体となりなされて、今度の仕組、見事成就なされるのでござるぞ。分かりたか。

国土《くにつち》の神、大切申せと、くどう知らしてあろがな。今までの臣民人民、地《くに》の御《ご》先祖の神、おろそかにしているぞと申して知らしてあろ。神は地《ち》に返るぞ。国土《くにつち》創ること、どんなに難儀なことか人民には分かるまいなれど、今度新《さら》つの世にするには、人民もその型の型の型くらいの難儀せなならんのざぞ。それでも、ようこばれん臣民もたくさんにあるのざぞ。元の神の思いの、何万分の一かの思いせんならんのざぞ。

今度、世変わりたら、臣民この世の神となるのざぞ。

国の洗濯はまだまだ楽であるが、身魂の洗濯なかなかに難しいぞ。人民かあいそうなから、延ばしに延ばしてござるのざぞ。

いくら言い聞かしても後戻りばかりぢゃ。言い聞かして改心できねば、改心するよういたすより、もう手ないようになっているのざ。いつどんなことあっても、もう神は知らんぞ。

上《うえ》から下《した》までも、誰によらん、今までのような我《わ》がままさせんぞ。役員、馬鹿にならななならんぞ。大のつく阿呆《あほう》になれよ。¥のつく阿呆に、誤ってくれるなよ。阿呆でないと、今度のまことの御用なかなかざぞ。命《いのち》捨てて、命《いのち》に生きる時と申してあろがな。非常の利口な臣民人民、アフンでござるぞ。今にキリキリ舞いするのが、目に見えんのか。いつも変わらぬ松《まつ》心《ごころ》でおれと申してござろがな。

立て替えいたしたら、世界は一旦、寂《さび》しくなるぞ。

神がもの申しているうちに改心せなならんぞ。後悔間に合わんと申してあろがな。

十一月二十三日《にち》

第八帖　（三四二）

大難小難にと祈れと申して、くどう知らしてあろがな。いかようにでも受け入れて、良きようにしてやるよう仕組んである神の心、分からんか。天災待つは悪の心ぢゃと知らしてあるが、まだ分からんのか。国負けて大変待ちいる臣民たくさんあるが、そんな守護神に使われていると気の毒になってくるぞ。

よく筆読んでくだされよ。

今の守護神、悪の血筋、眷族《けんぞく》であるぞ。悪も御《お》役ながら、奥。表に出ては、まこと収まらんぞ。

悪結構な世は済みて、善結構、悪結構、仏《ほとけ》結構、キリスト結構、ことごとく結構の世となりなる神の仕組、近くなってきたぞ。世の元からの仕組、中ゆく仕組、天晴《あっぱ》れ三千世界、結構であるぞ。心の富士も晴れ晴れとなるぞ。結構、

日津久神《ひつくのかみ》

結構。

甘くてもならんぞ。辛《から》くてもならんぞ。甘さには辛《から》さいるぞ。

天《あめ》の神様ばかりではならんのざ。くどう申してここまで知らしているに、まだ分からんのか。心さっぱり大河《おおかわ》に流して、筆読んでくだされよ。いつまでも神待たれんぞ。

辛《から》さには、甘さ陰にあるのざぞ。この道理、よく分かるであろがな。水の味、火の味、結構ぞ。怖い味ないような、結構な怖さであるぞ。喜びであるぞ。苦しみであるぞ。この道理、よく分かりたか。神の御恵《み》み、神の御心《み》、分かりたか。御心《み》とは、三つの御《み》（三《み》）心ぞ。一と十と・《てん》とであるぞ。御心《み》、結構ぞ。世の元の神の仕組の現れて三千世界光り輝く

あなさやけ。

十一月二十七日《にち》

日津久神《ひつくのかみ》

第九帖　（三四三）

神の智と学の知とは、初めは紙一重であるが、先にゆくほど運否《うんぷ》できてきて、天地《てんち》の差となるぞ。

⊙の神の薬のやり方、悪の神の毒のやり方となるぞ。

神の御用が人の御用ぞ。人の御用が神の御用であるなれど、今の臣民、神の御用するのと人の御用するのと二つに分けているが、見苦しき者には、これからは御用いたさせんことに決まりたから、気つけておくぞ。

何事も順正しくやりてくだされよ。神は順であるぞ。順乱れたところには、神の働き現れんぞ。

何もせんでいて良きことばかり待ちていると、物事後戻りになるぞ。神の道には、後戻りないと申してあろがな。心得なされよ。

初めの火、消えているでないか。まだ分からんか。都会へ都会へと、人間の作った火に集まる蛾《が》のような心では、今度の御用、できはせんぞ。上面飾り《うわつら》てまことのない教えの所へは人集まるなれど、まことの道伝える所へは臣民なかなか集まらんぞ。見てござれよ。いくら人少なくても、見事なこといたして御《おん》目にかけるぞ。縁《えん》ある者は、一時《いちじ》に神が引き寄せると申してあろがな。人間心《ごころ》で心配いたしてくれるなよ。

目眩《めまい》する人もできるぞ。ふん伸びる人もたくさんにできてくるぞ。

ゆけどもゆけども白骨ばかりと申してあろがな。

今のどさくさに紛れて、悪魔はまだえらい仕組いたして上《うえ》に上がるなれど、上に上がりきらんうちにグレンぞ。せめて三日天下が取れたら見物《みもの》であるなれど、こうなることは世の元から分かっているのであるから、もう無茶なことは許さんぞ。軽い者ほど、上《うえ》に上《うえ》にと上がってくるぞ。仕組どおりになっているのざから、臣民心配するでないぞ。

今度神の帳面から除かれたら、常《とことわ》に世に出ることできんのであるから、近欲《ちかよく》に目くれて、折角《せっかく》のお恵み外すでないぞ。神、気つけておくぞ。

人の苦しみ見て、それ見たことかと申すような守護神に使われていると、気の毒できるぞ。

世、立て替えて、先の分かる世といたすのぢゃぞ。

三《さん》S《エス》の神宝《かんだから》と、3S《スリーエス》の神宝《かんだから》とあるぞ。毒と薬で裏腹であるぞ。

五と五では力出んぞ。四《し》と六《ろく》、六と四、三《さん》と七《しち》、七と三でないと力生まれんぞ。力生まれるから、カスできるのざから、掃除するのが神の大切な仕事ぞ。人民もカスの掃除すること、大切な御《おん》役であるぞ。

毒と薬と、薬と毒でござるぞ。つき混ぜてこね混ぜて、天晴《あっぱ》れこの世の宝といたす仕組ざぞ。分かりたか。一方の3S《スリーエス》より分からんから、人民いつも悪に落ち込むのぢゃ。この道は、中ゆく道と申して知らしてあろがな。

力余ってならず、力足らんでならず。しかと手握りて、じっと待っていてくだされよ。

まことの教えばかりでは何もならんぞ。皆にまことの行《おこな》いできんと、この道開《ひら》けんぞ。理屈申すでないぞ。いくら理屈立派であっても、行いできねば悪であるぞ。

この世のことは、人民の心次第ぞ。

十一月二十七日《にち》

日津久神《ひつくのかみ》

第十帖 （三四四）

天《あめ》の岩戸開《ひら》いて、地《ち》の岩戸開《びら》きに掛かりているのざぞ。我一力《われいちりき》では、何事も成就せんぞ。手、引き合ってやりてくだされと申してあること、忘れるでないぞ。

霊肉《れいにく》共に岩戸開《ひら》くのであるから、実地の大峠のいよいよとなったら、もう堪忍してくれとどんな臣民も申すぞ。人民には実地に目に物見せねば得心せぬし、実地に見せてからでは助かる臣民少ないし、神も閉口ぞ。

酷《ひど》い所ほど、身魂に借銭《しゃくせん》あるのぢゃぞ。身魂の悪きこととしている国ほど、厳しき戒めいたすのであるぞ。

五と五と申してあるが、五と五では力出ぬし、四と六、六と四、三と七、七と三ではカス出るし、カス出さねば力出んし、それで神は掃除ばかりしているのざぞ。神の臣民、それで神洲清潔《しんしゅうせいけつ》する民であるぞ。

キが元と申してあるが、キが飢え死にすると、肉体飢え死にするぞ。キ、息《い》吹《ぶ》けば、肉、息吹《いぶ》くぞ。神の子は、神のキいただいているのざから、食う物なくなっても死にはせんぞ。キ大きく持てよと申してあるが、キはいくらでも大きく、結構に自由になる、結構な神のキざぞ。臣民、利口なくなれば、神のキ入るぞ。神の息通うぞ。

凝り固まると、凝りになって動き取れんから、苦しいのざぞ。馬鹿正直ならんと申してあろがな。

三千年《さんぜんねん》あまりで身魂の改めいたして、因縁《いんねん》だけのことは否《いや》でも応でもいたさすのであるから、今度の御用はこの筆読まいでは、三千世界のことであるから、どこ探しても人民の力では見当取れんと申してあろがな。どこ探しても分かりはせんのざぞ。人民の頭でいくら考えても、知絞っても、学ありても分からんのぢゃ。ちょこら分かるような仕組なら、こんなに苦労いたさんぞ。神々様さえ分からん仕組と知らしてあろが。何より改心第一ぞと気つけてあろが。筆、腹に入れば、先見え透《す》くのざぞ。

この地《つち》も月と同じであるから、人民の心そのままに映るのであるから、人民の心悪くなれば悪くなるのざぞ。善くなれば善くなるのぞ。

理屈は悪と申してあろが。悪の終わりは共食いぢゃ。共食いして共倒れ。理屈が理屈と、悪が悪と共倒れになるのが、神の仕組ぢゃ。と分かっていながらどうにもならんことに、今に世界がなってくるのざ。逆に逆にと出てくるのぢゃ。なぜそうなってくるか分からんのか。筆読めよ。

オロシヤの悪神《あくがみ》の仕組、人民には一人も分かっていないのざぞ。神にはよう分かっての今度の仕組であるから、仕上げ見てくだされよ。この方《ほう》に任せておきなされ。一切心配なく、この方《ほう》の申すようにしておりてみなされ。大舟に乗っていなされ。光の岸に見事着けて、喜ばしてやるぞ。どこにいても助けてやるぞ。

雨の神、風の神、地震の神、荒れの神、岩の神様に祈りなされよ。世の元からの生き通しの生き神様、拝《おろが》みなされよ。

ヒツクの民を練りに練り、大和魂《やまとだましい》の種《たね》にするのであるぞ。ヒツクの民とは日本人ばかりでないぞ。大和魂《やまとだましい》とは神の魂《たま》ぞ。大和《だいわ》の魂《たま》ぞ。祭りの魂《たま》ぞ。取り違いせんように気つけおくぞ。

出掛けの港はここぢゃぞ。皆に知らしてやりてくだされよ。いくら道進んでいても皆後戻りぢゃ。この筆が出発点ぞ。出直して筆から出てくだされよ。我《が》張りてやる気なら、やりてみよれ。九分九分九厘《くぶくぶくりん》で鼻ポキンぞ。泣き泣き恥ずかしい思いして、お出直しでござるから、気つけているのぢゃ。

足上げて顔の色変える時、近づいたぞ。

世、立て替えて広き光の世といたすのぢゃ。光の世とは、光なき世であるぞ。

この方《ほう》の元へ引き寄せて、目の前に楽な道と辛《つら》い道と作ってあるのぢゃ。気つけていてくだされよ。どちらゆくつもりぢゃ。

十一月二十七日《にち》

日津久神《ひつくのかみ》

第十一帖　（三四五）

日の出の神様、お出ましぞ。日の出はイであるぞ。イの出であるぞ。キの出であるぞ。分かりたか。

めんめ（面々）、めんめに心改めよと申してあろがな。人民というものは、人に言われては腹の立つことあるものぢゃ。腹立つと邪気起こるから、めんめ、めんめに改めよと、くどう申すのぢゃぞ。

知や学ではどうにもならんということ、よく分かりておりながら、まだ知や学でやるつもり、神の国のことするつもりでいるのか。分からんと申して、あまりでないか。

何事も分かった臣民、口に出さずに腹に鎮めておけよ。言うてよい時は、腹の中から、人民びっくりする声で申すのざ。神が申さすから心配ないぞ。それまでは気《け》も出すなよ。

二十二日《にち》の夜《よ》に実地が見せてあろがな。一所《ひとところ》だけ清い穢《けが》れん所、残しておかな足場なく、こうなってはならんぞ。型出さねばならんぞ。

神の国、神の子は、元の神の生き神が守っているから、いよいよとなったら、一寸の火水《ひみず》でうで繰り返してやる仕組ざぞ。末代の止《とど》めの立て替えであるから、よう腰抜かさんように見てござれ。

長う掛かりては一も取らず二も取らさず、神国《かみぐに》は潰《つぶ》れ、道は滅びてしもうから、早う早うと気《け》もない時から気つけているのぢゃが、神の申すこと聞く臣民人民、まだまだぞ。

この道難しい道でないから、そのままに説いて聞かしてやれよ。難し説くと分からんようになるのぞ。平とう説いてやれよ。難しいのは理屈入るのざぞ。難しいことも臣民にはあるなれど、理屈となるなよ。理屈悪ざぞ。

霊術《れいじゅつ》も言霊《ことだま》もよいなれど、ほどほどに、三分《さんぶ》位でよいぞ。中ゆかなゆかれんのざぞ。

銭儲けて口さえ過ごしてゆけばよいように、今の臣民まだ思っているが、それは四つ足の四つの悪の守護であるくらい、分かりておろがな。悪とは他《た》を退《しりぞ》けることであるぞ。まつりまつりとくどう申してあること、まだ分からんのか。

今、外国良いと申している臣民は、外国へ行っても嫌われるぞ。外国にも住む所なくなるぞ。外国も日本もないのざぞ。外国とは我《われ》よしの国のことぞ。神国《かみぐに》は大丈夫ざが、外国や日本の国、大丈夫とは申されんぞと、こと分けて申してあろがな。

ヒツクの円居《まどい》作り、教会作ってもならんが、・入れた円居作らなならんぞ。○も作らず、・も入れずに力出ないくらい、分かりておろがな。馬鹿正直ならんと申してあること、忘れたのか。円居の作り方、知らしてあろが。盲《めくら》には困る困る。

人の苦労あてにして、我《われ》が進んで苦労せんような人民では、神の機感《きかん》に適《かな》わんから、今度は苦労の塊の花咲くのざ。苦《こ》の花咲くのざぞ。富士に木花開耶《このはなさくや》姫《ひめの》神《かみ》祭りてくれと申してあろがな。永遠《とわ》に萎《しぼ》まん、まことの花咲く世来たぞ。

十二月七日《か》

日《ひ》津《つ》久神《くのかみ》

第十二帖　（三四六）

上面《うわつら》洗えば良くなるなれど、腹の掃除なかなかできんぞ。道広める者から、早う掃除、まだまだであるぞ。今度神から見放されたら、末代浮かぶ瀬ないぞ。食い物大切に、家《うち》の中きちんとしておくのが、甲斐《かい》の御用ざぞ。初めの行《ぎょう》ざぞ。

出てこねば分からんようでは、それは神力《しんりき》ないのぞ。軽き輩ぢゃぞ。それで筆読めと、くどう申しているのざぞ。

神の申すことまことざと思いながらできんのは、守護神がまだ悪神《あくがみ》の息から離れていぬ証拠ざぞ。息とは一《い》（初めの）キであるぞ。キであるぞ。

悪神《あくがみ》はいかようにでも変化《へんげ》るから、悪に玩具《おもちゃ》にされている臣民人民、かあいそうなから、この筆読んで言霊《ことだま》高く読み上げて、悪のキ断ちてくだされよ。

今のうちに筆じっくりと読んで腹に入れて、高天原《たかあまはら》となっておりてくだされよ。まだまだ忙しくなって、筆読む間もないようになってくるのざから、くどう申しているのざぞ。悪魔に邪魔されて、筆読む気力もなくなる臣民たくさん出てくるから、気つけておくのざ。

まだまだ、人民には見当取れん妙なことが次から次にと湧いてくるから、妙なこと、この方《ほう》がさしているのざから、神の臣民心配ないなれど、そうなった神の臣民、まだまだであろがな。掃除される臣民には、掃除する神の心分からんから、妙に見えるのも道理ぢゃ。天《てん》の様子も変わりてくるぞ。

何事にもキリということあるぞ。臣民、かあいそうと申してもキリあるぞ。キリキリ、気つけてくだされ。

人に言うてもろての改心では、役に立たんぞ。我《われ》と心から改心いたされよ。

我《が》でやろと思ってもやれないのざぞ。それでも我《が》でやって、鼻ポキンポキンか。そうならねば人民得心できんから、やりたい者はやってみるのもよいぞ。やってみて得心改心いたされよ。今度は鬼でも蛇《じゃ》でも改心さすのであるぞ。

これまでは夜《よる》の守護であったが、いよいよ日の出の守護と相《あい》成ったから、物事、誤魔化しきかんのぞ。

まことの人よ、よく筆見てくだされ。裏の裏まで見てくだされ。神国《かみぐに》のまことの因縁分からいで、三千年や五千年の近目《ちかめ》では、スコタンぞと申してあろがな。天子天下平らげて、まことの神国《かみぐに》に、世界神国《かみぐに》にいたすのざぞ。

世界は神の国。神の国、真中の国は十万、二十万年の昔からでないぞ。世の元からの、まこと一つの神のこと分からな、益人《ますひと》とは申されんぞ。神の申すこと、一言半句《いちげんはんく》も間違いないのざぞ。人民はその心どおりに映るから、小さく取るから、物事分からんのざぞ。間違いだらけとなるのざ。

人民が楽にゆける道作りて、教えてやっているのに、我《が》出すから苦しんでいるのざ。神が苦しめているのでないぞ。人民、自分で苦しんでいるのざと申してあろがな。
十二月七日《か》
日津久神筆《ひつくのかみふで》

第十三帖　（三四七）

世界中から筆どおりに出てきて、足下から火がついても、まだ我《が》張りているようでは、今度は灰にするよりほかないぞ。恐ろしなっての改心では、お役難しいぞ。因縁ある身魂でも、曇り酷《ひど》いと御用難しいことあるぞ。筆いただいたとて、役員面《づら》すると鼻ポキンぞと気つけてあろがな。五十九柱《ごじゅうく》いくらでもあるのざぞ。替え身魂あると申してあろがな。務めた上《うえ》にも、務めなならんぞ。因縁深いほど、罪も借銭も深いのざぞ。岩戸閉めにも良き身魂あるぞ。岩戸開《びら》きにも悪きあるぞ。気つけ合って、良き御用、結構ざぞ。勇んで務めくだされよ。心から勇む仕事、良きことぞ。この方《ほう》の好くことざぞ。

木《き》の葉落ちて冬となれば、寂《さび》しかろがな。紅葉《もみじ》あるうちにと気つけおいたが、紅葉《もみじ》の山も落ちたであろがな。

ほかで分からん、根本のキのこと知らす、この方《ほう》の筆ぢゃ。三千世界のこと、一切のこと説いて聞かして、得心さしてあげますぞや。落ち着いて、聞き落としのないようになされよ。悔しさ目に見えておろがな。溝壺《どぶつぼ》に我《われ》と落ち込む人民ばかり出てきて、神の国臭くて、足の踏み場もないぞ。なれども見てござれ。三千世界一度に開《ひら》いて、世界一列一平《いちれついったいら》、一つの天子で治めるぞ。地《ち》の世界に大将なくなって、五大洲《ごだいしゅう》引っ繰り返りていると申すこと、まだ分からんのか。目に見せても、耳に聞かしても、まだ分からんか。尻の毛まで悪魔に抜かれていて、まだ分からんのか。あんまりなことぢゃなあ。

これまでは高し低しの戦でありたが、これからはまことの深し浅しの戦ざぞ。まこととは言《こと》ざぞ。口でないぞ、筆でないぞ、言ざぞ。言、気つけと申してあろがな。言、言、言ざぞ。

始め歌あったぞ。終わりも歌ぞ。今も昔も歌ざぞ。人民も動物も、歌、歌うのざぞ。終わりの御用の始めは歌ぞ。歌の集いとせよ。この筆、歌として知らす集いとせよ。歌の集い、始めざぞ。表ざぞ。裏の裏ざぞ。表の表ぞ。道開《ひら》く表の終わりの御用ぞ。江戸の御用済みたら、尾張《おわり》の御用ぞと申してあろがな。甲斐《かい》の御用も忘れてならんのざぞ。食《お》し物の集いも作らなならんぞ。甲斐の御用のことぞ。この集いも表に出してよいのざぞ。時に応じて、どうにでも変《へん》化《げ》られるのが、まことの神の集いざぞ。

不動明王殿も力あるに、あそこまで落としてあるは、神に都合あることぞ。世に落ちてござる守護神と、世に落ちている神々様と、世に出ている神々様と、世に落ちて出ている守護神殿と和合なさりて、物事やってくだされよ。二人でしてくれと申してあろがな。分かりたか。

十二月十八日《にち》

日津久神筆《ひつくのかみふで》

第十四帖 （三四八）

一番尊い所、一番落としてあるのぢゃ。このこと分かりてきて、天晴《あっぱ》れ世界唸るのぢゃ。落とした上《うえ》に落として、もう落とすところないようにして、上下《うえした》引っ繰り返るのぢゃ。引っ繰り返すのでないぞ。引っ繰り返るのぢゃぞ。このこと間違えるでないぞ。

この道難しい道でないぞ。欲離れて、命《いのち》離れて、なるようにしておりてくだされたら、それでよいのぢゃ。

今が神国《かみぐに》の始めぞ。今までのことすっかり用いられんのに、まだ今までのこと言うて、今までのようなこと考えているが、それが盲《めくら》、聾《つんぼ》ざぞ。今までのこと自慢すると、鼻ポキンぞ。皆、鼻ポキンばかりぢゃなあ。

まだまだ虜《とりこ》になる者たくさんあるなれど、今度の虜まだまだぞ。いずれ元に返ってくるから、元に返ってまた盛り返してくるなれど、またまた繰り返すぞ。次にまた捕えられる者、出てくるのざぞ。次は酷《ひど》いのざぞ。これも因縁ざぞ。

神の国は、誰が見てもどう考えても、二度と立ち上がられん、人民、皆外国につくようになって、この方《ほう》の申したこと、筆に書かしたこと、皆嘘《うそ》ざと申すとこまで世が落ちてしもうてから、初めて神力《しんりき》現れるのざぞ。人民臣民、早合点してござるが、九分九分九厘《くぶくぶくりん》と申してあろがな。

事務所作らいでもよいぞ。事務所作るのは表の仕組ぞ。裏の御用、事務所禁物ぞ。それぞれの役員殿の住むとこ、皆それぞれの事務所でないか。よく相談してやりてくだされ。段々分かりてくるぞ。表と裏とあななないぞ。あななないの道と申してあろが。

引き寄せる身魂は、天《てん》で一度改めて引き寄せるのであるぞ。今お役に立たんように臣民の目から、役員の目から見えても、袖《そで》にするでないぞ。地《ち》でも改めして、まだまだ曇り取らなならんぞ。磨けば皆結構な身魂ばかりぢゃぞ。

人民の腹冴えたら、天《てん》も冴えるぞ。心鎮もれば、天《てん》も鎮もるぞ。神勇むぞ。我《が》はじっと奥に鎮めて、上辺《うわべ》には気《け》も出されんぞ。我《が》のないようなことでは、我《が》でしくじったこの方《ほう》の御用できないのざぞ。毒にも薬にもならん人民、草木に変えてしまうぞ。

この筆、無闇《むやみ》に見せるでないぞ。筆は出ませんと申せよと申してあること、忘れるでないぞ。

天《てん》の規則、地《ち》でやることになっているのざぞ。今度、規則破りたら、暗い所へ落ち込んで、末代浮かばれんきついことになるのざから、神くどう気つけておくぞ。

次に世に出る番頭殿、まだ神なきものにしてござるから、一寸《いっすん》先も分からんぞ。先分からずに、人間の勝手な政治して、世は治まらん道理ぢゃぞ。三日天下でお出直《でなお》しぞ。その次もその次も、またお出直しぢゃ。この筆よく見て、この先どうなる、その先どうなるということ、神はどんなこと計画しておいでますということ分からいで、政治ないぞ。すればするほど悪うなるぞ。神にはこうなること分かって呑《の》んでいるのざから、どんなことあっても心配ないなれど、それでは臣民かあいそうなから、この筆歌にして、印刷して、世に良きようにして、皆に知らしてやれよ。表の集いでよいぞ。

神は天《てん》からも地《ち》からも日も夜《よ》も、言《こと》で知らしているのに、言聞く身魂ないから、言聞く耳曇っているから、人民は分からんなれど、あまり分からんでは通らんぞ。

早う洗濯、掃除せよと申しているのざ。人の十倍も今の仕事して、その上《うえ》で神の御用するのが洗濯ぞ、掃除ぞと申して知らしたこと、忘れたか。地《ち》に足つけよと申したこと、分からんのか。百姓になれ、大工になれと申したこと、分からんのか。天《てん》の地《ち》もあるぞ。天《てん》の百姓、大工もあるのざぞ。

善と悪と小さく臣民分けるから、分からんのざぞ。大きく目開《ひら》けよ。松食《お》せよ。松食《お》せば、分からん病治るのぢゃぞ。松心《まつごころ》となれよ。

いつも変わらん松の緑の松心《まつごころ》松の御《み》国の御《み》民幸《さち》あれ

十二月十八日《にち》

日津久神《ひつくのかみ》

第十五帖　（三四九）

四八音《よはね》（ヨハネ）世に出るぞ、五十音《いそね》の六十音《むそね》と現れるぞ。用意なされよ。それまでにさっぱり変えてしもうぞ。天《てん》も変わるぞ。地《つち》も変わるぞ。

この方等《ほうら》が世立て直すと申しても、この方等《ほうら》が世に出て威張るのでないぞ。世立て直して、世は臣民に任せて、この方等《ほうら》は隠居ぢゃ。隠れ身ぢゃぞ。地《ち》から世持ちて嬉し嬉しと申すこと、楽しみぞ。子供よ、親の心よく汲み取りてくれよ。

この筆読まいでやれるなら、やりてみよれ。あちらでコツン、こちらで崩れぢゃ。

大事な仕組、早う申せば邪魔入るし、申さいでは分からんし、何にしても素直にいたすが一番の近道ざぞ。素直になれんのは、小才《こさい》があるからざぞ。鼻高ぢゃからざぞ。

神の国は、神の国のやり方あると申してあろがな。良きは取り入れ悪きは捨てて、皆気つけ合って、神の国は神の国ぢゃぞ。金《きん》は金《きん》ぢゃ、銀は銀ぢゃぞと申してあろがな。盲《めくら》ならんぞ。

甲斐《かい》の御用も尾張の仕組も、何もかも裏表あるのざぞ。裏と表とのほかに、裏表あるぞ。ウ、オ、エであるぞ。アとヤとワざぞ。三つあるから道ざぞ。

神前に向かって大きくキを吸い、腹に入れて下座《しもざ》に向かって吐き出せよ。八《や》度《たび》繰り返せよ。神のキいただくのざぞ。キとミとの合いの霊気、いただくのざぞ。

一二三《ひふみ》が四八音《よはね》（ヨハネ）となり、五十連《いつら》となりなって、十二の流れとなるのざぞ。ム（無《む》）がウ（有《う》）になるぞ。ンになるぞ。ヤとワと掘り出して、十二の流れ結構ざぞ。知らしてあろがな。これまでの考え方、やり方いたすなら、立て替えではないぞ。何もかも上中下《うえなかしも》すっかりと立て替えるのざぞ。

外国は、龍宮の乙姫様、グレンと引っ繰り返しなされるのざぞ。龍宮の乙姫様、雨の神様の御《おん》活動激しきぞ。

今度、次の大層が出てきたら、いよいよざぞ。最後の止《とど》めざぞ。今度こそ、猶予《ゆうよ》ならんのざぞ。キリキリであるから用意なされよ。三、四月気つけよ。キ、切れるぞ。

信心なき者、ドシドシ取り替えるぞ。この中、まこと一つに清めくだされよ。天明《てんめい》、まだまだざぞ。世の元の型、まだまだざぞ。神の仕組、成就せんぞ。神人《かみひと》共にと申してあろがな。神厳しきぞ。ぬらりくらり、緩《ぬる》くって厳しきぞと申してあろがな。役員多くなくても、心揃《そろ》えて胴据えておりてくだされよ。神がするのであるから、この世に足場作りておりてくだされよ。神、無理申さんぞと申してあろがな。けれども、ちっとも気許しならんのざぞ。身魂相当に皆させてあろがな。

掃除早うせよ。己の戦、まだ済んでいないであろが。洗濯、掃除早う結構ぞ。この方の筆《ほう》、元と分かりながら、他《た》の教えでこの道開《ひら》こうとて、開《ひら》けはせんのざぞ。

鏡曇っているから、曲がって映るのざぞ。

一人の改心ではまだまだぞ。一家揃って皆改心して、手、引き合ってやれよ。

外国人も日本人もないのざぞ。外国外国と隔て心、悪ぢゃぞ。

十二月十九日《にち》

日津久神《ひつくのかみ》

第十六帖　（三五〇）

この世と申しても、臣民の世ばかりでないぞ。神の世界もひっくるめて申しているのぢゃぞ。勇んでやってくだされよ。勇むところ、この方《ほう》、力添えいたすぞ。心配顔、この方《ほう》嫌いぞ。歌、歌いくだされよ。笑いてくだされよ。笑えば岩戸開《ひら》けるぞ。今の人民、キリキリ舞いしながら、まだキリキリ舞いするよう、もがいてござるぞ。地《つち》に返ると申してあろがな。早う気づいた臣民人民、楽になるぞ。神の守護と申すものは、人民からはちっとも分からんのであるぞ。分かるような守護は、低い神の守護ざぞ。悪神《あくがみ》の守護ざぞ。悪神《あくがみ》の守護でも、大将の守護ともなれば、人民には分からんのざぞ。心せよ。

どんなことあっても不足申すでないぞ。不足、悪ざぞ。皆、人民の心からぞと、くどう申してあろがな。人民、キから起こってきたのざぞ。我《われ》の難儀、我《われ》が作るのざぞ。我《われ》恨むよりほかないぞ。

人民の心さえ定まったら、この方自《ほうおのずか》ら出て、手柄立てさすぞ。手柄、結構ざぞ。

この世の物一切《いっさい》、神のものということ、まだ分からんのか。一切取り上げられてから、なるほどなあと分かったのでは遅いから、嫌がられてもくどう同じようなこと申しているのざぞ。人民の苦しみ、この方《ほう》の苦しみざぞ。人民もこの方《ほう》も、同じものざぞ。この道理分かりたか。この方《ほう》、人民の中にいるのざぞ。こと分けて申しているのざぞ。

まだまだ大き戦激しきぞ。これで世、良くなると思っていると、大間違いとなるのざぞ。これからが褌《ふんどし》ざぞ。良き世となれば、褌いらんのざぞ。フラリフラリと風に吹かれるヘチマぢゃ。ヘチマ愉快で嬉しいなあ。風の随《まにま》に、雨の随に、ユタリユタリと嬉しかろがな。何もかも嬉し、心《しん》から楽しき世ざぞよ。まことが神であるぞ。言《こと》が神であるぞ。元であるぞ。道であるぞ。日《ひ》（一《ひ》）であるぞ。月（二《つき》）であるぞ。初め言《こと》ありと申してあろがな。キであるぞ。祭りであるぞ。

十二月十九日《にち》

日津久神《ひつくのかみ》

第十七帖　（三五一）

天地《てんち》の先祖、元の神の天子様が、王の王と現れなさるぞ。王の王は、玉《たま》で御《おん》現れなされるのざぞ。

礼拝の仕方、書き知らすぞ。節分から始めてくだされよ。

まずキ整えて、しばし目瞑《めつむ》り心開《ひら》きて、一拝《はい》二拝《はい》八拍手《はくしゅ》せよ。またキ整えて、一《ひと》二《ふた》三《み》四《よ》五《いつ》六《むゆ》七《なな》八《や》 九《ここの》十《たり》と言《こと》高く宣《の》れよ。またキ整えて、一二三《ひふみ》、三回宣れよ。

これはこれは喜びの舞《まい》、清めの舞、祓《はら》いの歌であるぞ。世界の臣民、皆宣れよ。身も魂《たま》も一つになって、宣り歌い舞えよ。身魂全体で拍手《かしわで》するのぞ。

終わりてまたキ整えて、一二三四五六七八九十《ひとふたみよいつむゆななやここのたり》、一二三四五六七八九十百《ひとふたみよいつむゆななやここのたりもも》千万《ちよろず》と言高く宣れよ。神気《しんき》整えて、天之日津久大神様《あめのひつきのおおかみ》、弥栄《やさか》ましませ、弥栄《いやさか》ましませと祈れよ。これは祈るのざぞ。国之日津久神様《くにのひつくのかみ》、弥栄《やさか》ましませ、弥栄《いやさか》ましませと祈れよ。終わりて八拍手《はくしゅ》せよ。

次に雨の神様、風の神様、岩の神様、荒れの神様、地震の神様、百々《もも》の神様、世の元からの生き神様、産土《うぶすな》の神様に御《おん》礼申せよ。

終わりてから、神々様のキいただけよ。キのいただき方、前に知らしてあろがな。何よりの臣民人民の生きの命《いのち》の糧《かて》であるぞ。病なくなる元の元のキであるぞ。八度《やたび》繰り返せと申してあろ。

しばらくこのように拝《おろが》めよ。神世になるまでには、まだ進むのざぞ。それまではそのようにせよ。この方《ほう》の申すようにすれば、そのとおりになるのざぞ。さまで苦しみなくて大峠越せるぞ。大峠とは、王統消すのざぞ。新しき元の命《いのち》となるのざぞ。

神の心となればまこと分かるぞ。まこと（〇九十《まこと》）とは〇《ま》と九十《こと》ざぞ。神と人民同じになれば神世ざぞ。神は隠身《かくりみ》に、人民表に立ちてこの世治まるのざぞ。雀の涙ほどの物、取り合い、へし合い、何してござるのぞ。自分のものざとまだ思っているのか。

御《ご》恩とは五つの音《おん》のことざぞ。五音《ごおん》（御《ご》恩）返さならんのざぞ。このことよく考えて、間違わんようにしてくだされよ。

この巻は雨の巻ぞ。次々に知らすから、身魂相当に選《よ》り分けて、知らしてやれよ。こと分けて、一二三として知らしてやるのもよいぞ。

役員皆に手柄立てさしたいのぢゃ。臣民人民、皆にそれぞれに手柄立てさしたいのぢゃ。待たれるだけ待っているのぢゃ。一人で手柄は悪ぢゃ。皆、分け合ってやれよ。手握りてやれよ。

石もの言うぞ。

十六の八の四の二の一、目出度《めでた》や、目出度やなあ。

神の仕組の世に出《い》でにけり　あなさやけあな面白や
五つの色の七変《なな》わり　八《や》変わり九《ここ》の十々《たりたり》て
百千万《ももちよろず》の神の世弥栄《やさか》

十二月十九日《にち》

日津久神《ひつくのかみ》

第十四巻　風の巻　全十四帖

自　昭和二十年十二月二十五日
至　昭和二十一年二月　十六日

第一帖　（三五二）

用意なされよ。いよいよざぞ。いよいよ来るぞ。神のみこと、知らすぞ、知らすぞ。

目覚めたら起き上がるのざぞ。起きたらその日の命《いのち》、いただいたのざぞ。感謝せよ。大親《おおおや》に感謝、親に感謝せよ。感謝すれば、その日の仕事与えられるぞ。仕事とは喜事《よごと》であるぞ。持ち切れぬほどの仕事、与えられるぞ。仕事は命《いのち》ざぞ。仕事喜んで仕え奉《まつ》れ。我《が》出すと曇り出るぞ。曇ると仕事分からなくなるぞ。

腹減ったら食《お》せよ。二分《にぶ》は大親に、臣民、腹八分《はちぶ》でよいぞ。人民食べるだけは与えてあるぞ。貪《むさぶ》るから足らなくなるのざぞ。減らんのに食べるでないぞ。食《お》せよ、食《お》せよ。一日一度からやり直せよ。ほんのしばらくでよいぞ。

神の道、無理ないと申してあろが。水流れるように、楽し楽しで暮らせるのざぞ。どんな時、どんな所でも、楽に暮らせるのざぞ。穴埋めるでないぞ。穴要《い》るのざぞ。苦しいという声、この方《ほう》嫌いざ。苦と楽、共にみてよ。苦の動くのが楽ざぞ。

生まれ赤子見よ。子見よ。神は親であるから、人民守っているのざぞ。大きなれば旅にも出すぞ。旅の苦、楽しめよ。楽しいものざぞ。眠くなったら眠れよ。それが神の道ぞ。神の言《こと》聞く道ざぞ。無理することは曲がることざぞ。無理と申して、我《わ》がまま無理ではないぞ。逆ゆくこと、無理と申すのざ。無理することは曲がることざ。曲がっては神のみこと聞こえんぞ。素直になれ。

火降《ふ》るぞ。

相手七《しち》と出たら三《さん》と受けよ。四と出たら六と償《つぐな》えよ。九《く》と出たら一《いち》と受けよ。二と出たら八と足して、それぞれに十《じゅう》となるように和せよ。祭りの一つの道ざぞ。

⫯《おう》の世、⊙《おう》の世にせなならんのざぞ。今は⫰の世ざぞ。⫰の世、⫯の世となりて、⫯の世に・入れて⊙の世となるのざぞ。

魂《たま》なくなっていると申してあろがな。魂《たま》の中に仮の奥山移せよ。急がいでもよいぞ。臣民の肉体、神の宮となる時ざぞ。当分、宮なくてもよいぞ。やがては富士に木《こ》の花咲くのざぞ。見事、富士にこの方《ほう》（火《ほ》）が鎮まって、世界治めるのざぞ。それまでは仮でよいぞ。臣民の肉体に一時《いちじ》は鎮まって、この世の仕事仕組みて、天地《てんち》でんぐり返して、光の世といたすのぢゃ。花咲く御《み》世近づいたぞ。用意なされよ。用意の時、しばし与えるから、神の申すうち用意しておかんと、とんでもないことになるのざぞ。

☉の世輝くと、☼となるのざぞ。☼と申して知らしてあろがな。役員、それぞれの円居《まどい》作れよ。いずれも長《おさ》になる身魂《みたま》でないか。我軽《われかろ》しめることは、神軽くすることざぞ。分かりたか。各《おの》も各も頭領であるぞ。釈迦《しゃか》ざぞ。キリストざぞ。その上《うえ》に神ますのざぞ。その上《うえ》、神また一束にするのざぞ。その上《うえ》にまた・で括《くく》るぞ。その上《うえ》にも・あるのざぞ。上《うえ》も下《した》も限りないのざぞ。

奥山どこに変わってもよいぞ。当分肉体へ収まるから、どこへ行ってもこの方《ほう》の国ぞ。肉体ぞ。心配せずにグングンとやれよ。動くところ神力《かみちから》加わるのざぞ。人民の円居は神なき円居ぞ。神なき円居作るでないぞ。神上《うえ》に、真中《まなか》に集まれよ。

騒動待つ心、悪と申してあること、忘れるなよ。神の申したこと、ちっとも間違いないこと、少しは分かりたであろうがな。

同じ名の神、二柱あるのざぞ。善と悪ざぞ。この見分け、なかなかざぞ。筆読めば見分けられるように、よく細かに説いてあるのざぞ。善と悪と間違い申していると、くどう気つけてあろうがな。岩戸開《ひら》く一つの鍵ざぞ。名同じでも裏表ざぞ。裏表と思うなよ。頭と尻違うのざぞ。千引《ちびき》の岩戸開《ひら》けるぞ。

十二月二十五日《にち》

日津久神《ひつくのかみ》

第二帖　（三五三）

二柱の神あると申してあろうが。旗印も同様ぞ。神の国の旗印と、⊙（元つ神）の国の旗印と、同様であるぞ。●であるぞと知らしてあろうがな。●にも二通りあるのざぞ。皇《すめら》●の旗印と、十✳✺●と申して、知らしてあろがな。今は逆さざと申してあろがな。このこと分からいでは、今度の仕組分からんぞ。筆分からんぞ。岩戸開《ひら》けんぞ。よく旗印見てよと申してあろがな。
お日様赤いのでないぞ。赤いとばかり思っていたであろがな。まともにお日様見よ。碧《みどり》であるぞ。お日様も一つでないぞ。一人守られているのざぞ。寒さ狂うぞ。

一月の一日《にち》

日津久神《ひつくのかみ》

第三帖（三五四）

いよいよの大立て替えは、国常立大神《くにとこたちのおおかみ》様、豊雲野大神《とよくもぬのおおかみ》様、金《かね》の神様、龍宮の乙姫様、まず御《ご》活動ぞ。ギリギリとなりて、岩の神、雨の神、風の神、荒れの神様なり。次に地震の神様となるのざぞ。

今度の仕組は、元のキの生き神《い》でないと分からんぞ。中津代《なかつよ》からの神々様ではできない、分からん深い仕組ざぞ。猿田彦《さるたひこ》殿、天宇受売命《あめのうずめのみこと》殿、元のやり方では世は持ちてはいけんぞ。今一度《いちど》、悪栄えることあるぞ。心して取り違いないようにいたされよ。

ミエダ、イシイ、ショウダ、イシモト、筆説けよ。タケウチ、カワムラ、イソガミ、筆説《か》けよ。口と心と行いとで筆説けよ。堂々説けよ。

一月四日

日津久神《ひつくのかみ》

第四帖（三五五）

岩戸開《あ》けたり野も山も　草の片葉《かきは》も言《こと》やめて
大御光《おおみひかり》に寄り集う　楽しき御世《み》と明けにけり
都《みやこ》も鄙《ひな》もおしなべて　枯れし草木に花咲きぬ

今日《きょう》まで咲きし草や木は　一時《いちじ》にどっと枯れ果てて
土に返るよ清《すが》しさよ　ただ御《み》光の輝きて
生きの命《いのち》の尊さよ　やがては人の国土《くにつち》に
移らん時の楽しさよ　岩戸開《あ》けたり御《み》光の
富士に木《こ》の花どっと咲く　御《み》世近づきぬ御民等《たみら》よ
最後の苦労勇ましく　打ち越しくれよ共々に
手引き合いて進めかし　光の道を進めかし

天明《てんめい》、懇《ねんご》ろに筆説けよ。歌の円居《まどい》作れよ。目出度《めでた》き夜明けぞ。

旧一月一日《にち》

日津久神《ひつくのかみ》

第五帖　（三五六）

我《わ》が名呼びてお縋《すが》りすれば、万里《ばんり》先にいても言うこと聞いてやるぞ。雨の神、風の神、岩の神、荒れの神、地震の神と申してお願いすれば、万里先にいてもこの世の荒れ、地震、逃《のが》らせてやるぞ。神々様に届く行で申せよ。こんな良き世は今までになかりたのぢゃ。膝元にいても、言葉ばかりの願い聞こえんぞ。口と心と行いと三つ揃《そろ》った行い、まことと申して知らしてあろが。

時節来ているなれど、分からん人民多いゆえ、物事遅くなりて気の毒なるぞ。今しばらくの辛抱なるぞ。神は人民に手柄立てさしたいのぢゃ。許せるだけは許して、良き世にいたすのぢゃ。ここまで開《ひら》けたのも、神がいたしたのぢゃ。今の文明なくせんと申してあろが。文明残して、カスだけ無《の》うにいたすのぢゃ。取り違い慢心いたすなよ。日本の国いくら大切と申しても、世界中の臣民とは替えられんから、国引っ繰り返ること、まだまだあるかもしれんぞ。国の軸動くと知らしてあろがな。

この筆、生《き》のままであるから、心なき人民には見せるでないぞ。あまりきつくて毒になるから、役員薄めて見せてやれよ。一日も早く一人でも多く、助けてやりたいのぢゃ。

神祭り結構ぞ。神祭らいで、いくら道説いても、腹に入らんぞ。腹に入らん道は悪の道となるのぢゃ。頭ばかりで道歩めん道理、分からんか。改心足らんぞ。

二月十六日《にち》

日津久神《ひつくのかみ》

第六帖　（三五七）

江戸の仕組、江戸で結ばんぞ。この道開《ひら》くに急いではならんぞ。無理してくださるなよ。無理、急ぐと仕組壊れるぞ。

まだまだ敵《てき》出てくるなれど、神心《かみごころ》になれば、敵《てき》、敵《てき》でなくなるぞ。敵憎《てき》みてはならんぞ。敵《てき》も神の働きぞ。神は難しいこと言わんぞ。神に心皆任せてしもうて、肉体欲捨ててしもうて、それで嬉し嬉しぞ。神が限りなき光、喜び与えるのざぞ。嫌なら嫌で、そなたの好きにしてやりてござれ。一旦天地《てんち》へ引き上げと申してあるとおりになるぞ。一度の改心難しいから、くどう申してあるのざぞ。

今までほかで出ていたのは、皆、筆先《ふでさき》ぢゃ。ここは筆ぢゃ。いつもの如く思っていると、大変が足下から飛び立つのざぞ。取り返しつかんから気つけているのぢゃ。いずれは作り物穫《と》らしておくから、たくさん穫れたら、更に更にいよいよざと心得よ。

神の国治めるのは物でないぞ。まことざぞ。世界治めるのもやがては同様であるぞ。人民、まことと申すと何も形ないものぢゃと思っているが、まことが元ざぞ。魂《たま》と事《こと》合わしてまつり合わして、まことと申すのぢゃ。○と・をまつりたものぢゃ。物なくてならんぞ。魂《たま》なくてならんぞ。まことと一つの道ざと申してあろがな。分かりたか。身魂相当に取りて、思うようやりてみよ。行できればそのとおりゆくのぢゃ。神の気に入らんこと、スコタンばかりぢゃから、引っ込み思案せずに堂々とやりてくだされよ。こんな楽な世になっているのぢゃ。屁《ひ》も放れよ。沈香《じんこう》も焚《た》けよ。フラフラして思案《しあん》投《な》げ首、この方《ほう》嫌いぢゃ。光る仕組が中ゆく仕組となるぞ。

二月十六日《にち》　　日津久神《ひつくのかみ》

第七帖（三五八）

神に縋《すが》りおりたればこそぢゃという時、目の前に来ているぞ。まだ疑うている臣民人民、気の毒ぢゃ。我《われ》恨むよりほかないぞ。神のいたすこと、人民のいたすこと、神人《かみひと》共にいたすこと、それぞれに間違いないように心配りなされよ。慢心鼻ポキンぞ。筆よく読んでおらんと、みるみる変わって、人民心《ごころ》ではどうにもならん、見当取れんことになるのざぞ。筆初めからよく読み直してくだされよ。読み方、足らんぞ。
天《てん》の神も地《ち》の神もなきものにいたして、好き勝手な世にいたして、偽《にせ》ものの天《てん》の神、地《ち》の神作りて、我《われ》がよけらよいと申して、我《われ》よしの世にしてしもうていたこと、少しは分かってきたであろがな。いよいよのまことの先祖の、世の元からの生き神、生き通しの神々様、雨の神、風の神、岩の神、荒れの神、地震の神ぞ、すくりと現れなさりて、生き通しの荒神《あらがみ》様引き連れて御《ご》活動に移ったのであるから、もうちっとも待たれんことになったぞ。筆に出したらすぐに出てくるぞ。終わりの始めの筆ざぞ。努々《ゆめゆめ》、疎《おろそ》かにするでないぞ。生《き》の筆ぢゃ。くどいようなれど、あまり見せるでないぞ。
二月十六日《にち》
日津久神《ひつくのかみ》

第八帖　（三五九）

世界中、自在に分け取りしていた神々様、早う改心、第一ぞ。一つの王で治めるぞ。天子様とは天地《てんち》様のことぞと申してあろがな。この方《ほう》、シ、チ、ニの神と現れるぞと申してあろがな。天二《てんじ》様のことざぞ。

行なしでは、まことのこと分からんぞ。できはせんぞ。神の道無理ないなれど、行は誰によらず、せならんぞ。この方《ほう》さえ、三千年の行したぞ。人民には一日《ひとひ》もようせん行の三千年、相当のものざぞ。

海にはどんな宝でも、龍宮の乙姫殿、持ちなされているのざぞ。この世の宝、皆この方《ほう》創りたのざぞ。

神の道無理ないと申して、楽な道でないぞ。もうこれでよいということない道ざぞ。

日本の人民も、渡りてきた人民も、世持ち荒らした神々様も人民も、世界の人民、皆思い違うぞ。九分九分九厘《くぶくぶくりん》と一厘《いちりん》とで、物事成就するのざぞよ。

世を持たれん天地《てんち》の大泥棒を、この世の大将と思っていて、それでまだ目覚めんのか。よく曇りなされたなあ。
立て替えは今日《きょう》の日《ひ》の間《ま》にもできるなれど、あとの立て直しの世直し、なかなかざから、人民に少しは用意できんと遅くなるばかりぢゃ。それで型出せ出せと申しているのぢゃぞ。あれこれとあまり穢《けが》れている腸《はらわた》ばかりぢゃから、一度に引き出して日に干してからでないと、洗濯できんようになりてござるぞ。日干しこばれん人民あるから、今の内から気つけているのぢゃぞ。腱《けん》引《び》き痛いぞ。あまりにも狂ってござるぞ。元の根本の世より、も一つキの世にせならんのざから、神々様にも見当取れんのぢゃ。元の生き神でないと今度の御用できんぞ。

二月十六日《にち》　日津久神《ひつくのかみ》

第九帖　（三六〇）

土地の分け取りばかりか、天《てん》まで分け取って、自分のものと威張っているが、人民のもの一つもないのぢゃ。大引き上げにならんうちに捧げた臣民、結構ぞ。宮の跡はＳ《エス》となるぞ。鳴門《なると》となるぞ。天《あめ》の岩戸は開《ひら》いてあるぞ。地《くに》の岩戸、人民開《ひら》かなならんぞ。人民の心次第で、いつでも開《ひら》けるのざぞ。泥の海になると人民思うところまで、一時《いちじ》は落ち込むのぢゃぞ。覚悟はよいか。神国《かみぐに》には神《かみ》国《ぐに》の宝、神国《かみぐに》の臣民の手で、元の所へ納めなならんのざ。玉《たま》なくなっていると申してあろがな。

何事も時節到来いたしているのざぞ。富士晴れるばかりの御世《み》となっているのぢゃぞ。人民神に仕えてくださらんと、神のまことの力出ないぞ。持ちつ持たれつと申してあろがな。神祭らずに何事もできんぞ。祭らいでするのが我《われ》よしぞ。天狗《てんぐ》の鼻ぞ。祭らいでは真っ暗ぞ。真っ暗の道で、道開《ひら》けんぞ。神は光ぞと申してあろが。

天子様良くなれば、皆良くなるのざぞ。天子様良くならんうちは、誰によらん、良くなりはせんぞ。このくらいのこと、なぜに分からんのぢゃ。良くなったと見えたら、それは悪の守護となったのぢゃ。神懸《かみがか》りよくないぞ。やめてくだされよ。迷う臣民できるぞ。ほどほどにせよと申してあろが。皆々、心の鏡掃除すれば、それぞれに神懸《かみかか》るのぢゃ。肉体心《ごころ》で知ることは皆カスばかり。迷いの種《たね》ばかりぢゃぞ。この道理分かりたであろがな。くどう申さすでないぞ。

二月の十六日《にち》

日津久神《ひつくのかみ》

第十帖　（三六一）

これからは、人民磨けたら、神が人民と同じ列に並んで仕事いたさすから、これからは、恐ろしい結構な世となるぞ。もう待たれんから、分からねば退《ど》いて見てござれと申してあろが。分からんうちに分かりてくだされよ。

肉体のあるうちには、なかなか改心はできんものぢゃから、御霊《みたま》にして改心さすよりほかない者たくさんあるから、改心難しいなれど、我慢《がまん》してやりてくだされよ。時節には時節のこともいたさすぞ。時節、結構ぞ。

二月十六日《にち》

日津久神《ひつくのかみ》

第十一帖　（三六二）

日本の国に食べ物なくなってしまうぞ。世界中に食べ物なくなってしまうぞ。何も人民の心からぞ。食べ物なくなっても食べ物あるぞ。神の臣民人民、心配ないぞ。共食いならんのざぞ。心得よ。

二月十六日《にち》

日津久神《ひつくのかみ》

第十二帖　（三六三）

日本の人民餌食《えじき》にしてやり通すと悪の神申している声、人民には聞こえんのか。よほどしっかりと腹帯締めおいてくだされよ。神には何もかも仕組みてあるから、心配ないぞ。改心できねば気の毒にするよりほかないなれど、待てるだけ待っているぞ。

月の大神様が水《み》の御《ご》守護、日の大神様が火の御《ご》守護、お土創り固めたのは、大国常立大神様《おおくにとこたちのおおかみ》。この御《ご》三体の大神様、三日《か》この世構いなさらねば、この世、クニャクニャぞ。

実地を世界一度に見せて、世界の人民一度に改心さすぞ。五十になっても六十になっても、いろは、一二三《ひふみ》から手習いさすぞ。できねばお出直しぞ。慢心、早合点、大怪我の元。今の人民、血が走り過ぎているぞ。気つけおくぞ。

二月十六日《にち》

日津久神《ひつくのかみ》

第十三帖　（三六四）

楽して良《よ》い御用しようと思うているのは、悪の守護神に使われているのざぞ。人の殺し合いで、この世の立て替えできると思うているのも、悪の守護神ざ。肉体いくら滅ぼしても、良き世にならんぞ。魂《たま》は鉄砲では殺せんのざぞ。魂《たま》はほかの肉体にうつりて、目的立てるのざぞ。いくら外国人殺しても、日本人殺しても、良き世は来ないぞ。今までのやり方、すくり変えて神の申すようにするよりほかに、道ないのざ。

この度の岩戸開《びら》きは、なかなかぞと申してあろが。見てござれ。善一筋《ひとすじ》の与える政治で、見事立て替えてみせるぞ。

和合せんとまことのお蔭《かげ》やらんぞ。一家揃《そろ》うたらどんなお蔭でもやるぞ。一国揃うたらどんな神徳《しんとく》でもやるぞ。自《おの》ずからいただけるのざぞ。神要らん世にいたしてくれよ。

二月の十六日《にち》

第十四帖　（三六五）

日津久神《ひつくのかみ》

新しき世とは神なき世なりけり人神《ひとかみ》となる世にてありけり
世界中《せかいじゅう》人に任せて神々は楽隠居なりあら楽し世ぞ

この世の頭《かしら》いたしている者から改心いたさねば、下《しも》の苦労いたすが長うなるぞ。ここまで分けて申しても、実地に見せても、まだ分からんのか。世界中のことざから、この方《ほう》世界構うお役ざから、ちと大き心の器持ちてきてくだされよ。

金《きん》も銀も銅も鉄も鉛も、皆出てござれ。それぞれに嬉し嬉しの御用、いくらでも与えて取らすぞ。

この巻、風の巻。
二月十六日《にち》

日《ひ》津《つ》久神《くのかみ》

第十五巻　岩の巻　全十一帖

自　昭和二十一年旧一月十五日
至　昭和二十一年旧一月十五日

一帖　（三六六）

岩の巻、書き知らすぞ。

岩は弥栄《いやさか》。⊙は・と○。⊙、◎が神ざぞ。◎《うず》が神ざと申してあろ。

悪の守護となれば、悪、善く見えるのざぞ。人民、悪いこと好きでするのでないぞ。知らず知らずにいたしているのであるぞ。神にも見《み》の誤り、聞きの誤りあるのざぞ。元の神にはないなれど、下々《しもじも》の神にはあるのざぞ。それで見直し、聞き直しと申してあるのざぞ。元の神には見直し聞き直しはないのざぞ。

素戔鳴大神《すさなるのおおかみ》様、鼻の神様ぞ。嗅ぎ直しないぞ。嗅ぎの誤りはないのざぞ。人民でも嗅ぎの間違いないのざぞ。鼻の誤りないのざぞ。素戔鳴大神《すさなるのおおかみ》様、この世の大神様ぞと申してあろがな。間違いの神々様、この世の罪穢《けが》れをこの神様に着せて、無理やりに北に押し込めなされたのざぞ。それでこの地《ち》の上《うえ》を極悪神《ごくあくがみ》が我《われ》の好き候《そうろう》に持ち荒らしたのざ。それで人皇《じんのう》の世と曇り穢《けが》して作り変え、仏《ほとけ》の世となりて、更にまぜこぜにしてしもうて分からんことになりて、キリストの世にいたして、更に更に分からんことにいたしてしもうて、悪の仕組どおりにいたしているのぢゃぞ。分かりたか。

釈迦もキリストも立派な神でござるなれど、今の仏《ほとけ》やキリストは偽《にせ》の仏《ほとけ》やキリストざぞ。同じ神二つあると申してあろがな。・なくなっているのざぞ。・ない◎ざぞ。◎でないと、まことできんのざぞ。分かりたか。・なきもの悪ざぞ。・は〇（霊）ぞ。火ぞ。一《はじめ》ざぞ。暗がりの世となっているのも、・ないからざぞ。この道理分かるであろがな。

旧一月十五日《にち》　辛酉《かのととり》の日　　日津久神《ひつくのかみ》

第二帖　（三六七）

三千年の昔に返すと申してあろがな。

良《よ》い御用いたす身魂《みたま》ほど、苦労さしてあるのぢゃ。ほかから見ては分からんなれど、苦労に苦労さして、生き変わり、死に変わり、鍛えに鍛えてあるのぢゃぞ。肉体の苦労も霊《たま》の苦労も、どちらの苦労にも負けん人民臣民でないと、目先のことでグレングレンと引っ繰り返りて慌てふためくようなことでは、どんなことあってもビクともせん身魂でないと、御用難しいぞ。

今度の木《こ》（苦《こ》）の花は、富士に咲くのみざぞ。富士に木花開耶姫《このはなさくやひめ》祭れと申してあるが、木《こ》の花、各《おの》も各もの心の富士にも咲くのざぞ。木《こ》の花咲けば、この世にできんことないぞ。まことの神懸《かみがか》りぞ。

この先もう立て替えできん、ギリギリの今度の大立て替えぢゃ。いよいよの立て替えざから、元の神代よりも、も一つキの光り輝く世とするのぢゃから、なかなかに大層ざぞ。人民苦しかろが、先楽しみに御用、見事務め上げてくだされよ。二つずつある神様を一つにするのであるから、嘘偽《うそいつわ》りちっともならんのぢゃ。少しでも嘘偽りありたら、曇りありたら、神の国には住めんことになるのざぞ。

途中からできた道では、今度という今度は間に合わんのざぞ。根本からの道でないと、今度は根本からの立て直しで末代続くのぢゃから、間に合わん道理分かるであろうがな。

我《われ》の国同士の戦、始まるのぢゃ。この戦、神は目開《あ》けて見ておれんなれど、これも道筋ぢゃから、人民にも見ておれんのぢゃが、共食いと申して知らしてあろうが。

この方等《ほうら》が天地《てんち》自由にするのぢゃ。元のキの道にして、新しきキの光の道作るのぢゃ。あら楽し世にするのぢゃと申してあること、いよいよざ。人民、臣民勇んでやりてくだされ。神々様、守護神殿、勇め勇め。

二月十六日《にち》

日津久神《ひつくのかみ》

第三帖（三六八）

天地《てんち》引っ括《くる》めて、大立て替えいたすのぢゃ。天地《てんち》のびっくり箱とはそのことざぞ。間違いできんうちに、間違わんよう気つけてくだされよ。できてからは、いくら泣いても詫《わ》びしても、あとへは返せん。この方《ほう》でもどうにもならん、元のキの道ぢゃぞ。くどう気つけておくぞ。これまでは道はいくらもあったのぢゃが、これからの道は善一筋《ひとすじ》ざぞ。インチキ神の前には通らんのざぞ。心せよと知らしてあろがな。三千年で世一《ひと》切りといたすのぢゃぞ。

まことの集まりが神徳ぢゃ。神徳積むと、世界中見え透《す》くのざぞ。神だけではこの世のことは成就せんと申してあろがな。神がうつりて成就さすと申してあろがな。こんなこと、これまでにはなかりたぞ。

二月十六日《にち》

日津久神《ひつくのかみ》

第四帖　(三六九)

元は十と四十七と四十八と、合わせて百と五ぞ。九十五柱ざぞ。

旧一月十五日《にち》　辛酉《かのととり》

日津久神《ひつくのかみ》

第五帖　（三七〇）

人民、目の先見えんから疑うのも無理ないなれど、身魂磨けばよく分かるのぢゃ。ついてござれ。手引っ張ってやるぞ。まことの道ゆくだけではまだ足らんぞ。心にまこと一杯に詰めて、空《から》っぽにして進みてくれよ。このこと分からんと、神の仕組遅れると申してあろがな。早くなったところもあるなれど、遅れがちぢゃぞ。

苦労、苦労と申しても、悪い苦労気の毒ざぞ。善き苦労、花咲くぞ。花咲いて実結ぶのざぞ。人民、苦しみさえすればよいように早合点しているなれど、それは大間違いざぞ。神の道無理ないと、くどう申してあろがな。この道理、よく噛《か》み分けてくだされよ。

神の国は元のキの国。外国とは、外国（幽界）とは生まれが違うのぢゃ。神の国であるのに人民近欲《ちかよく》なから、渡りてこられんものが渡りてきてワヤにいたしてしもうているのに、まだ近欲ざから、近欲ばかり申しているから、あまり分からねば、分かるようにいたすぞ。目の玉《たま》飛び出すぞ。近くは仏《ぶつ》渡りてきて、分からんことにされているであろうがな。五度《ごど》の岩戸開《びら》き、一度にせなならんと申してあろうが。生まれ赤子の心で筆読めと申してあろうがな。

二月十六日《にち》

日津久神《ひつくのかみ》

第六帖 （三七一）

向こうの言うことまともに聞いていたら、尻の毛まで抜かれてしまうのが神にはよく分かりて気つけていたのに、今のありさま、そのとおりでないか。まだまだ抜かれるものあるぞ。延ばせば延ばせば、人民まだまだ苦しいことになるぞ。延ばさねば助かる人民ないし、少しは神の心も察してくだされよ。言うこと聞いて、素直にいたされよ。神頼むぞ。

いよいよ時節来たのであるから、何と申しても時節には敵《かな》わんから、筆どおりになってくるから、心さっぱり洗い替えてしもうて、持ち物さっぱり洗い返してしもうて、神のみことに生きてくれよ。みことになるぞ。魂《たま》ぞ。みこと結構ぞ。分からんうちに分かりてくれよ。

旧一月十五日《にち》

日津久神《ひつくのかみ》

第七帖　（三七二）

この神の元へ来て、信心さえしていたら良いことあるように思うているが、大間違いざぞ。この方《ほう》の元へ参りて、まず借銭なしに借銭払いしてくだされよ。苦しいことできてくるのが御《ご》神徳ぞ。この方《ほう》の元へ来て悪くなったという人民、遠慮要らん、帰りてくれよ。そんな軽い信心は、信心ではないぞ。結構な苦しみが分からん臣民、一人も要らんのぞ。しかと褌《ふんどし》締めてついてござれよ。この方《ほう》、悪神《あくがみ》とも見えると申してあろがな。分かりても分からん、できんこといたさすぞ。神が使うのざから、楽でもあるのざぞ。静かに、筆よく腹に入れて、御用してくだされよ。神の道光るぞ。

旧一月十五日《にち》

日津久神《ひつくのかみ》

第八帖　（三七二）

この方《ほう》のこと、腹にヒシヒシと響き出したら、良き守護神となったのざぞ。神の国の元の身魂と、外国の身魂と、すっかり取り替えられているのに、まだ目覚めんのか。神の国は真中の国、土台の国、神の元の鎮まった国と申してあろがな。神の国であるぞ。

我《われ》さえよけら、よその国、よその人民どうなってもよいというほどに、世界の臣民皆なりているが、上辺《うわべ》ばかり善いことに見せているが、中は極悪ぢゃ。それが気づいている臣民もあるなれど、どうにも手も足も出せんであろがな。それが悪神《あくがみ》に魅入《みい》られているのぢゃぞ。道はあるのに闇《やみ》、祓《はら》い潔めて道見て進め。勇ましき弥栄《いやさか》の道、光あるぞ。

二月十六日《にち》

日津久神《ひつくのかみ》

第九帖（三七四）

今度捕えられる人民、たくさんにあるが、今度こそは酷《ひど》いのざぞ。牢獄で自殺する者もできてくるぞ。女《おみな》、子供の辛《つら》いことになるぞ。九分《くぶ》通りは一度出てくるぞ。それまでに一度盛り返すぞ。分からんことになったら、いよいよのことになるのざぞ。身魂磨けよ。

旧一月十五日《にち》

日津久神《ひつくのかみ》

第十帖　（三七五）

分からん身魂も、今までは機嫌取って引っ張りてきたなれど、もう機嫌取りは御免《ごめん》ぢゃ。こんなことに長う掛かりていたなら、実地が遅れるから、一切《ひと》りにいたすぞ。神世となれば、天《てん》は近くなるぞ。神人《かみひと》共にと申してあろがな。一人となりても、神の申すことならばついてくる者が、まことの者ざぞ。まことの者少しでも、今度の仕組は成就するのざぞ。人はたくさんには要らんのざぞ。信者引っ張ってくれるなよ。道は伝えてくだされと申してあろがな。

龍宮の乙姫殿のお宝、誰にも分かるまいがな。びっくり箱の一つであるぞ。北が良くなる。北が光るぞ。北が一番に良くなると申してあること、段々に分かりてくるのざぞ。

これほどに申しても、まだ疑う人民たくさんにあるなれど、神も人民さんには一目《いちもく》置くのぞ。閉口ぞ。よくもまあ曇ったものぢゃなあ。疑うなら、今一度我《が》でやってみよれ。それもよいぞ。あちらこちらに、グレングレンとどうにもならんのざぞ。人民には見当取れん、大きな大きな大望《たいもう》ざから、その型だけでよいからと申しているのぢゃ。型してくだされよ。改心の見込みついたら、世の元からの生き神が、各々に魂《たま》入れてやるから、力添えいたしてやるから、せめてそこまで磨いてくだされよ。

悪は伸びるのも早いが、枯れるのも早いぞ。いざとなればポキンぞ。花のまま枯れるのもあるぞ。

二月十六日《にち》　　　　日津久神《ひつくのかみ》

第十一帖　（三七六）

誰の苦労で、この世できていると思うているのぢゃ。この世を我《わ》がもの顔にしてござるが、守護神よ、世を盗みた世であるくらい、分かっているであろうがな。早う元に返して、改心いたされよ。

神国《かみぐに》の王は、天地《てんち》の王ざぞ。外《と》つ国の王は、人の王ざぞ。人の王では、長う続かんのぢゃ。外《と》つ国にはまだまだ、厳しいことバタバタに出てくるぞ。日本にもどんどん出てくるぞ。言わねばならんことあるぞ。

出《い》づ道は二つ。一はひらく道、二は極む道。道出《い》で世に満つ。えらぎえらぐ世ぞ。

前に書かしてあること、よく読めば分かるのぢゃ。御身《みみ》に利《き》かして、御身《みみ》で書かしたもの、地震の巻といたせよ。いよいよ荒くなってくるのざぞ。因縁身魂、結構となるのざぞ。

旧一月十五日《にち》

日津久神筆《ひつくのかみふで》

第十六巻　荒れの巻　全一帖

昭和二十一年一月十九日

全一帖　（三七七）

岩戸開《びら》き成り成るぞ。まこと岩戸は永遠《とわ》ぞ。瞳ぞ。御位《みくらい》継ぐ道の始めぞ。字、絶対の世、始め出《い》づぞ。二一《つきひ》開《ひら》き、結ぶ玉《たま》に祝うぞ。読む開《ひら》き、字出《い》づ道に成り、結ぶ玉《たま》に弥栄《いやさか》開《ひら》く大和心《やまとごころ》の道ぞ。

道開《ひら》く、理の極みぞ。本能（生命）、月日《つきひ》の極み成る、読む言《こと》の極み。弥栄《いやさか》に真問《まと》い極む世。那美《なみ》（名実）、那岐《なき》（名基）の道の玉《たま》継ぐ意味、開《ひら》くなり。字の絶対継ぐ意味、弥勒《みろく》、弥勒《みろく》となるぞ。

根っこ、道ぞ。まことざぞ。弥栄《いやさか》、弥栄《いやさか》。玉秘《たまひ》出《い》づ道ぞ。玉基《たまき》、道ぞ。二一《つきひ》道《みち》極み成る識道《しきどう》、本能（生命）ざぞ。水の水ざぞ。

⊙ヽヽヽヽヽ、⊙ヽヽヽヽヽ。

ここの理、字の絶対出《い》づ大素戔嗚《おおすさなる》の働きぞ。南無《なむ》（名務）担《にな》い、開《ひら》く弥勒《みろく》。日継《ひつぎ》の意味担《にな》う数《かず》と字の絶対光《こう》の道。字の絶対開《ひら》き、那美《なみ》（名実）開《ひら》くぞ。字の極意の極みは読み（黄泉《よみ》）字ぞ。富士（普字）に花咲く時ざぞ。開《ひら》く結びの命《いのち》、字開《ひら》きに字開《ひら》き、実るぞ。山にも地《ち》にも万劫木《まんごうこ》の花開《ひら》くの道ぞ。この仕組、四八音《ヨハネ》となるぞ。いろは、道ぞ。

人、仏《ほとけ》の極みは、命《いのち》の光普《ひかりあまね》き、智普《あまね》く基《き》の天《てん》の言玉《いわたま》の道、理の極みの光の答《とう》の山路《やまじ》（大空間）、百霊《ひゃくれい》継ぐ文字の道。生《せい》の極みたり。

面白《おもしろ》に秘解《ひと》く鳴門、文道止《ふみみちとど》めたり。

数の始めの絶対《ぜったい》の道ざぞ。字、絶対の理、まこと母《もも》（親の古字）の一二三《ひふみ》。霊気、世に満ち漲《みなぎ》り、国々、晴れ渡るぞ。日継《ひつ》ぎ（秘通基）開《ひら》く文字、母《もも》成る極みなり。言《こと》の絶対の答え、人の意の極みなる意味ぞ。読み、これぞ。答えの那岐担《なきにな》う始め、伊勢世の始め、富士、鳴門（成答）の仕組、動くぞ。字に成り成りませる光の神には、何事も弥栄《いやさか》、弥栄《いやさか》ざぞ。

この筆、軸《じく》（時間空間）読み、御印《みしるし》の四八音《ヨハネ》ざぞ。諏訪《すわ》、麻賀多《まかた》、榛名《はるな》、甲《か》斐《い》、玉《たま》和す道ざぞ。

字の言座《ことくら》、名（言波）の極みぞ。意志の極み、成るぞ。道は道理であるぞ。字開《ひら》き、務《む》に結び、咲く花の結び、一二三ぞ。富士、軸《じく》の理ぞ。

宮柱《みやはしら》、太《ふと》しき立つぞ。祝詞《のりと》の心、始めの開《ひら》き、字に現わるぞ。真心《まごころ》響くまことぞ。言《こと》ざぞ。細工流々《さいくりゅうりゅう》、読みの極み立つ世ぞ。数《かず》の極み、神ぞ。数《かず》の極み、大素戔嗚《おおすさなる》（大数叉名立）、五十の極み　継ぐ印給《しるしたま》いて、幹《みき》（実基）字《じ》完し、完し、山《やま》（屋間）の文《ふみ》読み、皆喜び、担《にな》う道の宮継ぐ、富士、軸《じく》の世。喜《よろこ》び言《ごと》、全土に響く道ぞ。八雲出雲《やぐもいづも》は、聞く理ぢゃ。これは、基《き》の大素戔嗚大神《おおすさなるのおおかみ》、世に光り輝くの道ぞ。理は世の元に立つ道ぞ。道、遠きにはなし、心せよ。まことの道は、神の道ざぞ。読み、はじめの世ぞ。皆、神の子ぞと申してあるぞ。

那岐《なき》の世、しかと開《ひら》き、生《き》の基《もと》の伊耶那岐《いざなき》の命《いのち》現《あ》れき。太《ふと》始めの御玉《みたま》組み組み、神継ぐ極みと成り、始まる道ぞ、理の極み。字句《じく》、字句《じく》、真問《まと》い、成り成り鳴り、読み（黄泉《よみ》）の岩戸（言答）開《あ》くなり。

はじめの光、今輝きて、答《とう》神（真理）覚め覚め捧ぐもの、百《もも》取りしろ（網母十理詞露）に充ち満ちて、弥栄御座《いやさかみくら》湧きに湧き、天晴《あっぱ》れ継ぐ神の答えは字にあり。

見よ、御子達《みこたち》、大き道座《ま》し座《ま》す言座《ことくら》。あぎとい秘文字《ひもじ》奥義《おうぎ》、敬い、喜び、中すらくを、天《あめ》の斑駒《ふちこま》の耳振り聞こし食《め》すらん千万《ちよろず》の御《み》代。光神《ひかりかみ》、太《ふと》光（秘加理）ぞ。

道（真理）の御《み》山（大空間）の良きを寿《ことほ》ぐ。五十鈴《いすず》の川の良きを寿《ことほ》ぐ。動くことなく、止《と》まることなく、常世《とこよ》に弥栄弥栄《いやさかいやさか》、喜びの、今開《ひら》く字の道成りて、木《こ》の花の、一時《いちじ》にどっと咲く所、玉《たま》の御《み》代とて神代より、生きし生き神引き合うぞ。

まことのもの言う時来しと、禊《みそぐ》の太神覚《ふとかみさと》りて、三《さん》大神様知る。まこと尊き御《み》代と成りますのぞ。

仕事は、めんめの働きあるぞよ。実空字《みぐじ》、大き道在《ま》せることの印《しるし》なり。

終りに、言《こと》、言《こと》、神国《かみくに》の、まことの鏡（完神）の轟《とどろ》きも、皆、御《み》文字、世の始めかし、今、始まる世（詞）の基《もとい》。雨の神、風の神、岩の神、荒れの神、地震の神、世の基《もと》にして、道、実りの常盤《ときわ》の富士の実り良くも、目出度《めでた》、目出度《めでた》ざぞ。

弥栄《やさか》鳴門（成答）は、この御座《みくら》の問いに開《ひら》くぞ。八百《やお》の道（理）の寄る把立《はる》名《な》（榛名）、吾基《あき》（安芸《あき》）、時節来て、まことものの言う神の世の、夜明けの神々覚《さと》れよと、神《かむ》（可務）漏務《ろむ》、神漏岐《かむろき》、神漏美《かむろみ》の命《みこと》もち、八百万《やおよろず》の神々、神集いに集い給い、神計《はか》りに計《はか》り給い、言問《ことと》いし草の片葉《かきは》も言《こと》やめ、天《あめ》の岩戸《いわと》（言答）開《あ》け放ち、天《あめ》の弥栄弥栄《いやさかいやさか》に千別《ちわ》きに千別《ちわ》き、大御光《おおみひかり》の尊き御代《み》ぞ。

神います天《あめ》が下《した》、四方《よも》の国々治《し》ろし食《め》す、皇大神《すめおおかみ》（大実親）の字の道、母《もも》（現実親）の空字《くじ》（国）ことごとく定まりし、弥勒《みろく》の世とぞ成りうるなり。成るは、まことの開《ひら》きの秘《ひ》の山の神、基開《もとひら》くまことの神に懸《かか》り給いしぞ。

国御霊《みたま》、大皇神《おおすめがみ》の秘《ひ》の、仰ぐさまの良き時ぞ。道実る世、数《かず》の極み、真理ぞ。

富士の山（不二の大空間）、晴れたり。光り（秘加理）輝きて、御空《みそら》に太《ふと》まに百草《ももぐさ》の片葉《かきは》も競いかも、寄り集う、まこと一つの神の世ぞ。

読み（黄泉《よみ》）字ぞ。くくりし読みは惟神《かんながら》読み。軸字《じく》、軸字《じく》と木霊《こだま》と木霊《こだま》、字開《ひら》き、数開《ひら》き成る言《こと》、母《もも》（現実親）にあり。鳴門（成答）、道開《ひら》きに開《ひら》き、珍人《うずひと》の御代《み》成り成るぞ。弥栄《いやさか》つぎに通基《つき》つきて、御代印《みよじるし》の基《もと》継ぐ成るぞ。止《とど》めに富士の神生み給いき。富士、素戔鳴神《すさなるのかみ》現《あ》れ、生き生き給いき。

ここに伊耶那岐神《いざなきのかみ》、神々達に道給いて、喜び光給いき。日の神は火の国、月の神は水の国、素戔鳴神《すさなるのかみ》は、海原《なはら》治《し》らせと給いき。それは、その時より道決まれることにぞあれば、何も彼も真《ま》問い道に来いとぞ。あなないの道ざぞ。弥栄《いやさか》の道ざぞ。あなさやけ、あな清々《すがすが》し世ぞ。

生まれし道ぞ。都《みやこ》も鄙《ひな》も皆、大御光《おおみひかり》に寄り集う、まこと一つの道なるぞ。

一二三の国ぞ、言魂《ことだま》の弥栄《いやさか》光る国なるぞ。道の言《こと》、富士に印《しるし》あり。道の富士、早う開《ひら》きそ。

まことの国の御《み》光の世界の読み（黄泉《よみ》）喜びに泣く時来た印文《しるしふみ》。腹に読み道止《とど》め成る。問い問い文《ふみ》も、解くなる始め、天《あめ》の始めの御《み》光なり。読み（黄泉《よみ》）路《じ》の玉糸《たまいと》（意答）、秘名《ひな》の光立つ。

草もの言う世となりうなり。御玉《みたま》救う道、神の道開《ひら》き、基《もと》ぞ。月日出《つきひい》づ、開《ひら》きに一二三開《ひら》き、字の命開《いのちひら》く極み、那美《なみ》、一二三ぞ。一二三ぞ。神々様、お喜びざぞ。

今は、神解り、解りし字に言魂《ことだま》息吹《いぶ》き鳴り、息吹《いぶき》のままに道満ち、元の大神にここと捧ぐるもの食《め》し給い、喜《よろこ》び五十《ごじゅう》の弥栄弥栄《いやさかいやさか》成れる良き嘉《よ》き御《み》代来るぞ。

目で聞く大神、世のあなないの友、天晴《あっぱ》れ詞数食《しすく》う働きまことの御《み》代ぞ。宇宙波（場）知る場加《ばか》、月日御稜威《つきひみいづ》の花ぞ。覚《さと》れ、覚れと、言《こと》、言《こと》、軸《じく》。百霊《ひゃくれい》の世、玉秘《たまひ》尊き。

神の実言《みこと》（命）聞く身々《みみ》、早う掃除一番ぞ。掃除智座《ちくら》、秘継ぐ数字《かずじ》（スジ）大神（加実）。絶対開《ひら》く元《もと》神は、独楽《こま》の理、四十七音（ひふみ）の四十八音（意《い》露波《ろは》）、目にもの見せて神国《かみぐに》の、まことの善は、悪魔まで、皆新《あら》め生《い》くの始終《しじゅう》光《こう》ぞ、惟神《かんながら》ざぞ。

字注《そそ》ぐ光り裏《うら》（心）山《やま》（大空間）担《にな》う母《はは》（親）のまことに覚め、字開《ひら》く命《いのち》ぞ。富士に花咲く御《み》代、嬉し嬉し、早うこの文路《ふみじ》知らせたり。急ぐ心ぞ。読み（黄《よ》泉《み》）字、弥栄《やさか》に光り文《ふみ》成るぞ。

文命《ふみみこと》の言《こと》の御《み》代の、月の光なり。

五十意図《たまいと》、始めの光知りて、尊き御代《みよ》とぞなりうる、まことの神の筆なるぞ。心締めて読む時ぞ。まことの神と飛来《ひらい》の神と皆和す時なるぞ。あら楽し、あなさやけ、富士は晴れたり、岩戸開《あ》けたり。

あなさやけ、おけ、のちの世に書き記すぞ。日津久神《ひつくのかみ》、書き記すぞ。

第十七巻　地震の巻　全十九帖

自　昭和二十年九月　十日
至　昭和二十年十月三十日

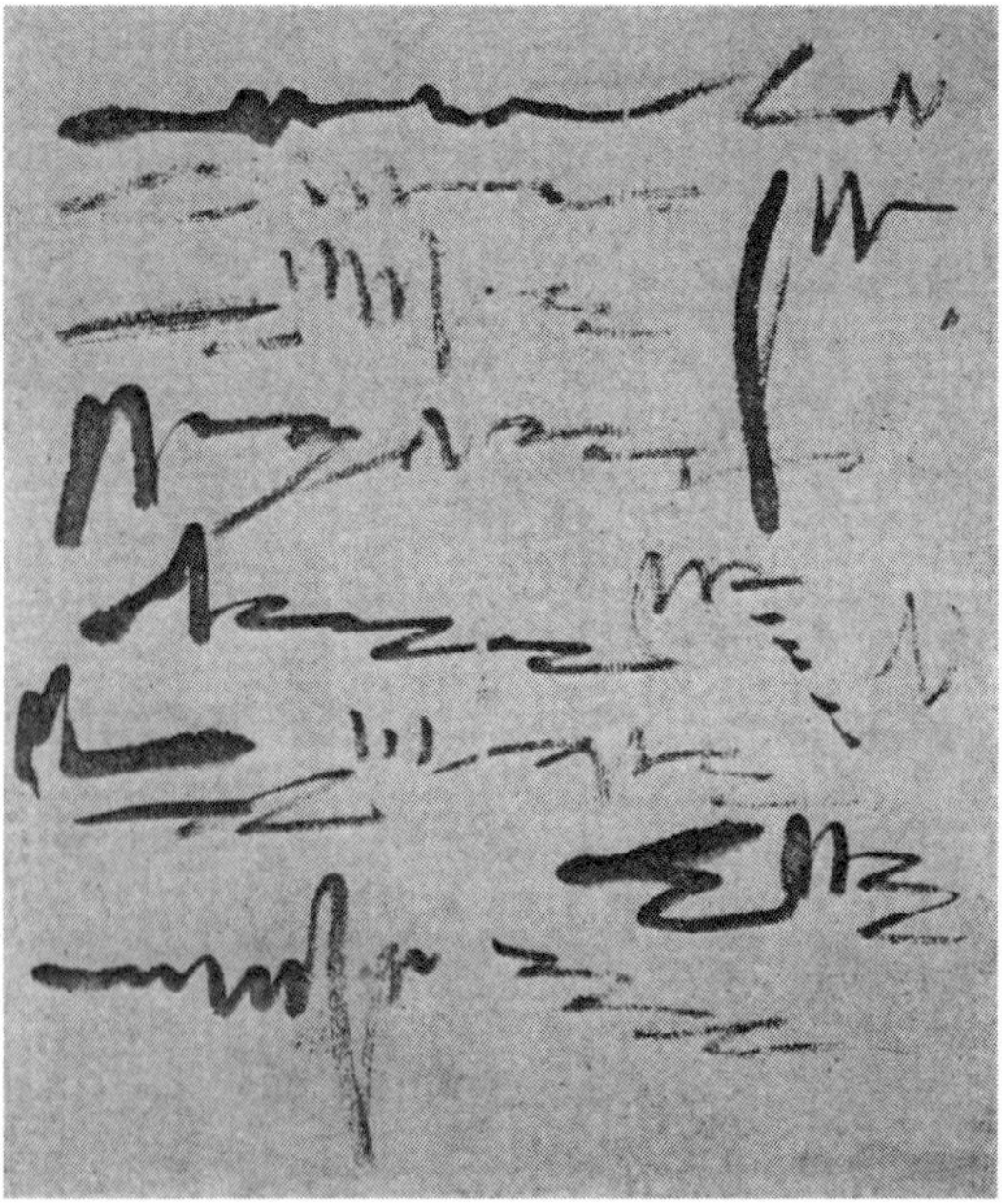

第一帖　（三七八）

我々の一切は生まれつつある。神も、宇宙も、森羅万象《しんらばんしょう》のことごとくが、常《つね》に生まれつつある。

太陽は太陽として、太陰《たいいん》は太陰として、絶えず生まれ続けている。一定不変の神もなければ、宇宙もない。常《つね》に弥栄えつつ、限りなく生まれに生まれゆく。

過去もなければ、現在もなく、未来もない。ただ存在するものが生まれに生まれつつある。生もなければ、死もない。善も思わず、真《しん》も考えず、美も思わない。ただ自分自身のみの行為はない。ただ生まれゆき、栄えゆくのみである。

善を思い、悪を思うのは、死を作り、生を作り出すことである。ゆえに、地上人が自分自身でなすことには、すべて永遠の生命なく、弥栄はあり得ない。なぜならば、地上人は、地上人的善を思い、悪を思い、真《しん》を思い、偽を思うからである。思うことは、行為することである。

生前、生後、死後は、一連の存在であって、そこには存在以外の何ものもないのである。存在は生命であり、生まれつつあるもの、そのものである。

何ものも、それ自らは存在しない。弥栄しない。必ずその前なるものによって呼吸し、脈打ち、生命し、存在し、弥栄する。また、すべてのものの本体は、無なるがゆえに永遠に存在する。

　地上人は、生前に生き、生前に向かって進みゆく。また、地上人は、地上に生き、地上に向かって進みゆく。また、地上人は、死後に生き、死後に向かって進みゆく。

　しかし、そのすべては神の中での存在であるから、それ自体のものはない。善でもなく、悪でもなく、ただ生まれつつあるのみ。

　霊人に空間はない。それは、その内にある情動によって定まるがゆえである。また、その理によって、一定せる方位もない。また、時間もなく、ただ情動の変化があるのみである。

　地上人は、肉体を衣とするがゆえに、宇宙のすべてを創られたものの如く考えるが、創造されたものではない。創造されたものならば、永遠性はあり得ない。

　宇宙は、神の中に生み出され、神と共に成長し、さらに常《つね》に神と共に永遠に生まれつつある。その働きは愛と現れ、真《しん》と見ゆるも、愛というものはなく、また、真《しん》なるものも存在しない。ただ大歓喜のみが脈打ち、呼吸し、成長し、存在に存在しつつ、弥栄するのである。

存在は千変万化する形において、絶えず弥栄する。それは☉であり、◎なるがゆえである。☉は大歓喜の本体であり、◎はその働きである。

それは善でもなく、悪でもない。真《しん》でもなく、偽でもない。美でもなく、醜でもない。また、愛でもなく、憎でもない。プラスでもなければ、マイナスでもない。

しかし、善の因と真《しん》の因とが結合し、悪の因と偽の因とが結合し、美の因と愛の因とが結合し、醜の因と憎の因とが結合して、二義的には現れ、働き、存在として、また働く。善因は偽因と結合せず、悪因は真因と結合しない。

これらのすべては、これ生みに生み、成りに成りて、止《とど》まるところを知らない。それは、神そのものが絶えず、鳴り成り、成り鳴りてやまず、止《とど》まるところなく成長し、歓喜しつつあるがためである。

神が意志するということは、神が行為することである。そして、さらに神の行為は、弥栄であり、大歓喜である。

神の歓喜をそのまま受け入れる霊人とは常《つね》に対応し、地上人として地上に生命し、また霊人として霊界に生命する。

神の歓喜を内的に受け入れる霊人の群は無数にあり、これを日の霊人という。神の歓喜を外的に受け入れる霊人の群も無数にあり、これを月の霊人という。月の霊人の喜びが、地上人として地上に生まれてくる場合が多い。

日の霊人は、神の歓喜をその生命に吸い取るがゆえに、そのままにして神に抱かれ、神に溶け入り、直接、地上人として生まれ出ることは、極めて稀《まれ》である。

月の霊人は、神の歓喜をその智の中に受け入れる。ゆえに、神に接し得るのであるが、全面的には溶け入らない。地上人は、この月の霊人の性をそのまま受け継いでいる場合が多い。

日の霊人は、神の歓喜をそのまま自分の歓喜とするがゆえに、何らそれについて疑いを持たない。

月の霊人は、神の歓喜を歓喜として感じ、歓喜として受け入れるがゆえに、これを味わわんとし、批判的となる。ために二義的の歓喜となる。ゆえに、日の霊人と月の霊人とは、同一線上には住み得ない。自《おの》ずから、別の世界を作り出すがゆえに、原則としては、互いに交通し得ないのである。

この二つの世界の中間に、その融和、円通を図る霊人と、その世界が存在する。これによって、二つの世界、二つの生命集団が円通し、常《つね》に弥栄するのである。

地上人と霊人との間も同様、直接、全面的な交流はあり得ない。それは、別の世界に住んでいるためであって、その中間の半物、半霊の世界と霊人がいて、常《つね》にその円通を図っている。

以上の如くであるから、日と月、愛と真《しん》、善と美も、本質的なものではなく、二義的なものである。

第二帖　（三七九）

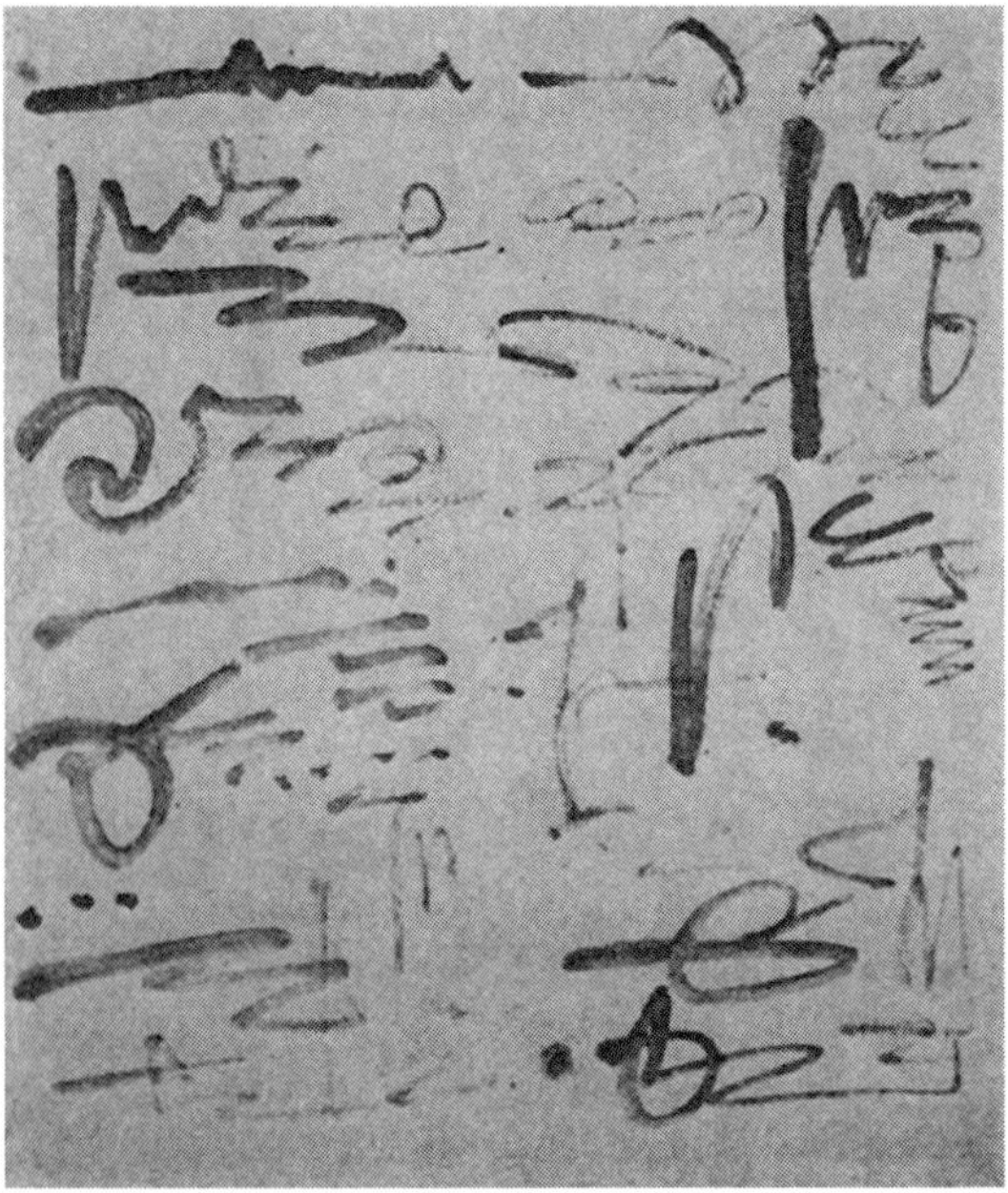

天界も無限段階、地界も無限段階があり、その各々の段階に相応した霊人や地上人が生活し、歓喜している。

その霊人達は、その属する段階以外の世界とは、内的交流はあっても、全面的交流はないのである。

なぜならば、自らなる段階的秩序を破るからである。秩序、法則は、神そのものであるから、神自身もこれを破ることは許されない。

しかし、同一線上における横の交流は、可能である。それはちょうど、地上における各民族がお互いに交流し、融和し得るのと同様である。

すべて分類しなければ生命せず、呼吸せず、脈打たない。分類しては、生命の統一はなくなる。そこに、分離と統合、霊界と現実界との微妙極まる関係が発生し、半面では、平面的には割り切れない神秘の働きが生じてくる。

一なるものは、平面的には分離し得ない。二なるものは、平面的には一に統合し得ないのである。分離して分離せず、統合して統合せざる、天地一体、神《しん》人合一《じんごういつ》、陰陽不二《いんようふじ》の大歓喜は、立体的神秘の中に秘められている。

・については一なるも、〇においては二となり三となり得るところに、永遠の生命が歓喜する。

一は一のみにて一ならず。善は善のみにて善ならず。また、真《しん》は真《しん》のみにて真《しん》となり得ない。神霊なき地上人はなく、地上人と離れた神霊は存在しない。

しかし、大歓喜にましますの大神の・は、そのままで成り鳴りやまず存在し、弥栄する。それは、立体を遥かに超えた超立体、無限立体的無の存在なるがゆえである。

霊人は、その外的形式からすれば地上人であり、地上人は、その内的形式からすれば霊人である。

生前の形式は、生後の形式であり、死後の形式である。すなわち、死後は生前の形式による。

形式は愛と現れ、真《しん》と現れ、善と現れ、美と現れる。しかして、その根幹をなし、それを生命させるのは歓喜であって、歓喜なきところに形式なく、存在は許されない。

愛の善にして真《しん》の美と合一しなければ呼吸せず、現の現人にして霊の霊人と合一しなければ生命しない。

これら二つが相関連せるを外の真《しん》という。外の愛も外の真《しん》も共に生命する。人間に偽善者あり、霊界に偽善霊の存在を許されたるを見れば分かるであろう。表面的なるものの動きも、内面的に関連性を持つ。ゆえに、外部的に曲げられたる働きの許されてあるを知ることができるであろう。

許されてはいるが、それは絶えず浄化し、弥栄すればこそである。浄化し弥栄しゆく悪は悪でなく、偽は偽でない。動かざる善は善でなく、進展せぬ真《しん》は真《しん》でない。

さらに、善を善とし、悪を悪として、それぞれに生かし弥栄するのを歓喜という。歓喜は神であり、神は歓喜である。

一から一を生み、二を生み、三を生み、無限を生みなすことも、皆これ歓喜する歓喜の現れの一つである。生み出したものなればこそ、生んだものと同じ性を持って弥栄える。ゆえに本質的には善悪のないことが知られるであろう。

死後の世界に入った最初の状態は、生存時とほとんど変化がない。先に霊人となっている親近者や知人と会し、共に生活することもできる。夫婦の場合は、生存時と同様な夫婦愛を再び繰り返すことができるのである。霊界は想念の世界であるから、時間なく、空間なく、想念のままになるのである。

しかし、かくの如き死後の最初の状態は、長くは続かない。なぜならば、想念の相違は、その住む世界を相違させ、その世界以外は想念の対象とならないからである。

しかして、最初の状態は、生存時の想念、情動がそのままに続いているから、外部的のもののみが強く打ち出される。ゆえに、外部の自分にふさわしい環境に置かれるが、次の段階に入っていくと、外部的のものは漸次《ぜんじ》薄れて、内分の状態に入っていくのである。

内分と外分とは、互いに相《あい》反するが、霊人の本態は内分にあるのであるから、この段階に入って、初めて本来の自分に返るのである。

生存時においては、地上的な時、所、位に応じて語り、行為するがために限られたる範囲外には出られないが、内分の自分となれば、自由自在の状態に置かれる。

生存時に偽りのなかった霊人は、この状態に入って初めて真《しん》の自分を発見し、天国的光明《こうみょう》の扉を開《ひら》くのである。偽の生活にあった霊人は、この状態に入った時は、地獄的暗黒に自分自身で向かうのである。かくすることによって、生存時における、あらゆる行為が清算されるのである。

この状態に入ったならば、悪的なものはますます悪的なものを発揮し、善的なものは善的な力をますます発揮する。ゆえに、同一の環境には住み得ないのである。

かくして、諸霊人は最後の状態に入り、善霊は善霊のみ、悪霊は悪霊のみ、中間霊は中間霊のみの世界に住み、善霊は善霊のみの、悪霊は悪霊のみのことを考え、かつ行為することになる。そして、それはその時の各々にとっては、その時の真実であり、歓喜である。

第三帖　（三八〇）

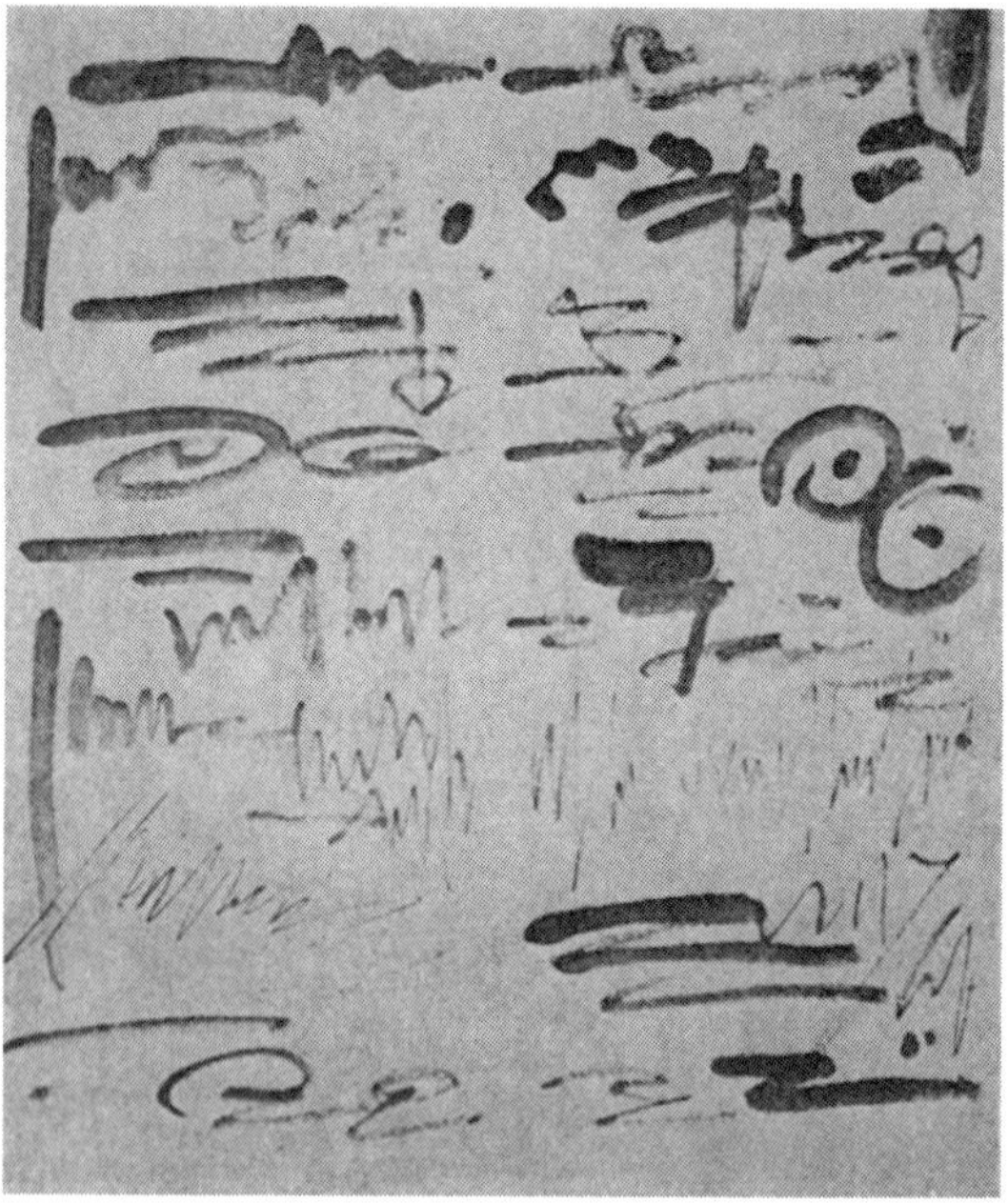

愛の陰《かげ》には真《しん》があり、真《しん》の陰には愛が働く。

地上人の内的背後には霊人があり、霊人の外的足場として、地上人が存在する。地上人のみの地上人は存在せず、霊人のみの霊人は呼吸しない。地上人は常《つね》に霊界により弥栄する。

弥栄は順序、法則、形式によりて成る。ゆえに、順序を追わず、法則なく、形式なきところに弥栄なく、生まれ出て呼吸するものはあり得ない。

個の弥栄は、全体の弥栄である。個が、その個性を完全に弥栄すれば、全体はますますその次を弥栄する。個と全体、愛と真《しん》との差がますます明らかになれば、その結合はますます強固となるのが神律《しんりつ》である。

霊界と物質界は、かくの如き関係に置かれている。そこにこそ、大生命があり、大歓喜が生まれ、栄えゆくのである。

さらに、極内世界と極外世界とが映像され、その間に中間世界がまた映像される。極内世界は生前、極外世界は死後、中間世界は地上世界である。極内は極外に通じて◎をなす。すべて一にして二、二にして三であることを理解せねばならない。

かくして、大神の大歓喜は、大いなる太陽と現れる。これによりて、新しくすべてが生まれ出る。太陽は、神の生み給《たま》えるものであるが、逆に、太陽から神が、更に新しく生まれ給うのである。

◎は絶えず繰り返され、更に新しきすべては、神の中に歓喜として孕《はら》み、生まれ出て、更に大完成に向かって進みゆく。親によって子が生まれ、子が生まれることによって親が新しく生まれ出《い》づるのであることを、知らねばならない。

されば、その働きにおいては千変万化《せんぺんばんか》である。千変万化なるがゆえに、一である。一なるがゆえに、永遠である。

愛は愛に属するすべてを愛とし、善となさんとするがゆえに悪を生じ、憎を生じ、真《しん》は真《しん》に属するすべてを真《しん》とし、美となさんとするゆえに偽を生じ、醜を生ずるのである。

悪あればこそ、善は善として使命し、醜あればこそ、美は美として生命するのである。悪は悪として悪を思い、御用の悪をなし、醜は醜として醜を思い、御用の醜を果たす。

共に神の御旨の中に、真実として生きるのである。真実が、ますます単にして、ますます充実し、円通《えんつう》する。

されば、⊙の中の・の中なる⊙の・の中なる一切万象、万物中の最も空にして無なるものの実体である。これが大歓喜そのものであって、神は、この・にて弥栄し給えるがゆえに、最外部の○の外にも弥栄し給うことを知覚し得るのである。始めなき始めの・の真中の真空にいますがゆえに、終わりなき終わりの○の外の無にいまし、中間に位する力の◎の中に生命し給うのである。一物の中の・なるがゆえに一物であり、万象万物であることを知覚しなければならない。

生前の様相であり、呼吸するがゆえに、死後の呼吸と続き、様相として弥栄ゆるのである。

神が生み、神より出て、神の中に抱かれているがゆえに、神と同一の歓喜を内蔵して歓喜となる。歓喜に向かうとは、親に向かうことであり、根元に通ずることである。

世を捨て、外分的、肉体的諸欲を捨てた生活でなければ天国に通じ得ぬと考えるのは、誤りである。

なぜならば、地上人における肉体は、逆に霊の守護をなす重大な役目を持っているからである。地上人が、その時の社会的、物質的生活を離れて霊的生活にのみ入るというのは、大いなる誤りであって、社会生活の中に行ずることが天国への歩みであることを知らねばならない。

天国を動かす力は地獄であり、光明を輝かす力は暗黒である。地獄は天国あるがゆえであり、暗は光明あるがゆえである。

因が果に移り、呼が吸となりゆく道程において、歓喜は更に歓喜を生ず。その一方が反抗すればするだけ他方が活動し、また、強力に制しようとする。呼が強くなれば吸も強くなり、吸が長くなれば呼もまた長くなる。ゆえに地獄的なものも天国的なものも、同様に神の呼吸に属し、神の脈打つ一面の現れであることを知らねばならない。

天国に限りなき段階と無数の集団があると同様に、地獄にも無限の段階と無数の集団がある。

なぜならば、天国のいかなる状態にも対し得る同様のものが、自らにして生み出されねばならぬからであって、それにより、大いなる平衡が保たれ、呼吸の整調が行われるからである。

この平衡の上に立つ悪は悪ではなく、偽は偽でなく、醜は醜でなく、憎は憎でなく、また地獄は地獄でない。地獄は本来ないのである。また、この平衡の上に置かれた場合は、善も善でなく、美も美でなく、愛も愛でなく、そこでは、天国も天国ではない。ただひたすらなる大歓喜が弥栄ゆるのみである。

第四帖　（三八一）

同気同類の霊人は、同一の状態で同じ所に和し、弥栄え、しからざるものは、その内蔵するものの度合に正比例して遠ざかる。同類は相寄り、相集まり、睦《むつ》び栄ゆ。

生前の世界は、地上人の世界の原因であり、主体であるが、また死後の世界に通ずる。

同気同一線上にいる霊人達は、かつて一度も会せず語らざるも、百年の友であり、兄弟姉妹である如くにお互いにそのすべてを知ることができる。生前の世界における、かかる霊人が肉体人として生まれ出《い》でた場合の多くは、同一の思想系を持つ。ただし、地上人としては、時間と空間に制限されるがゆえに、相《あい》会し、相語られざる場合も生じてくる。また、生前の生活と同様のことを繰り返すこともある。

霊人が同一線上にある場合は、その根本的容貌は非常に似ているが、部分的には相違し、同一のものは一としてない。そこに、存在の意義があり、真実の道が弥栄え、愛を生じ、真《しん》が湧き出てくるのである。

生前の霊人の場合は、自分自身の持つ内の情動はそのままに、その霊体の中心をなす顔面に集約され、単的に現れていて、いささかも反する顔面を持つことは許されない。一時的に満たすことはできても、長くは続かない。この状態の原理は、地上人にも反映している。

生前の世界は、以上の如くであるから、同一状態にある霊人が多ければ、その団体の大きく、少なければ、その集団は小さい。数百万霊人の集団もあれば、数百、数十名で一つの社会を作る団体もある。各々の団体の中には、また特に相似た情動の霊人の数人によって、一つの家族的小集団が自らにして出来上がっている。

そして、また各々の集団の中心には、その集団の中にて最も神に近い霊人が座を占め、その周囲に幾重にも、内分の神に近い霊人の順に座を取り囲み、運営されている。もし、そこに一人の場所、位置、順序の間違いがあっても、その集団は呼吸しない。しかして、それは一定の戒律によって定められたものではなく、惟神《かんながら》の流れ、すなわち歓喜によって、自ら定まっているのである。

また、これら集団と集団との交流は、地上人の如く自由ではない。すべては◎の・を中心として、◎の姿を形成しているのである。・と○とを、生前の世界において分離することは極めて至難ではあるが、ある段階に進む時は一時的に分離が生ずる。しかし、この場合も・は・であり、○は○である。

これが地上世界の行為に映りたる場合は、不自由不透明な物質の約束があるため、その分離、乱用の度が更に加わって、真偽混乱に及ぶものである。悪人が善を語り、善をなし、真《しん》を説くことが可能となるが如く映し出されるのである。

生前界では、悪を意志して悪を行うことは、御用の悪として自ら許されている。許されているから存在し、行為し、現れているのである。この場合の悪は、悪にあらずして、◎の○であることを知らねばならない。すなわち、道を乱すがゆえである。地上人の悪人にも善人にも、それは強く移写される。愛は真《しん》により、真《しん》は愛より向上し、弥栄する。その根底力をなすは歓喜である。ゆえに、歓喜なきところに真実の愛はない。歓喜の愛は、これを愛の善という。歓喜なき愛を、愛の悪というのである。

その歓喜の中に、また歓喜があり、真《しん》があり、真《しん》の真《しん》と現れ、◎となり、・と集約され、その集約の・の中に◎を生じ、更になお・と弥栄ゆる。生前の世界、死後の世界を通じて、一貫せる大神の大歓喜の流れゆく姿が、それである。大神は常《つね》に流れゆきて、一定不変ではない。千変万化、常《つね》に弥栄する姿であり、大歓喜である。完成より大完成へ向かい進む、大歓喜の呼吸である。

されど、地上人においては、地上的物質に制限され、物質の約束に従わねばならぬ。そこに時間を生じ、距離を生じ、これを破ることはできない。ゆえに、同時に善と悪との両面に通じ、両面に生活することとなるのである。そこに、地上人としての尊き悲しさが生じてくる。

霊人においては、善悪の両面に住することは、原則として許されない。一時的には仮面を被《かむ》り得るが、それは長く続かず、自分自身耐え得ぬこととなる。地上人といえども、本質的には善悪両面に呼吸することは許されていない。

しかし、悪を抱き参らせて、悪を御用の悪として育て給《たま》わんがために課せられたる地上人の光栄ある大使命なることを自覚しなければならない。悪と偽に同時に入ることは、一応の必要悪、必要偽として許される。

なぜならば、それがあるために弥栄し、進展するからである。悪を殺すことは、善をも殺し、神を殺し、歓喜を殺し、すべてを殺す結果となるからである。霊物のみにて神は歓喜せず、物質あり、物質と霊物との調和ありて、初めて力《ちから》し、歓喜し、弥栄するからである。霊は絶えず物を求め、物は絶えず霊を求めてやまぬ。成長、呼吸、弥栄は、そこに歓喜となり、神と現れ給うのである。

霊人も子を生むが、その子は歓喜である。歓喜を生むのである。

第五帖　（三八二）

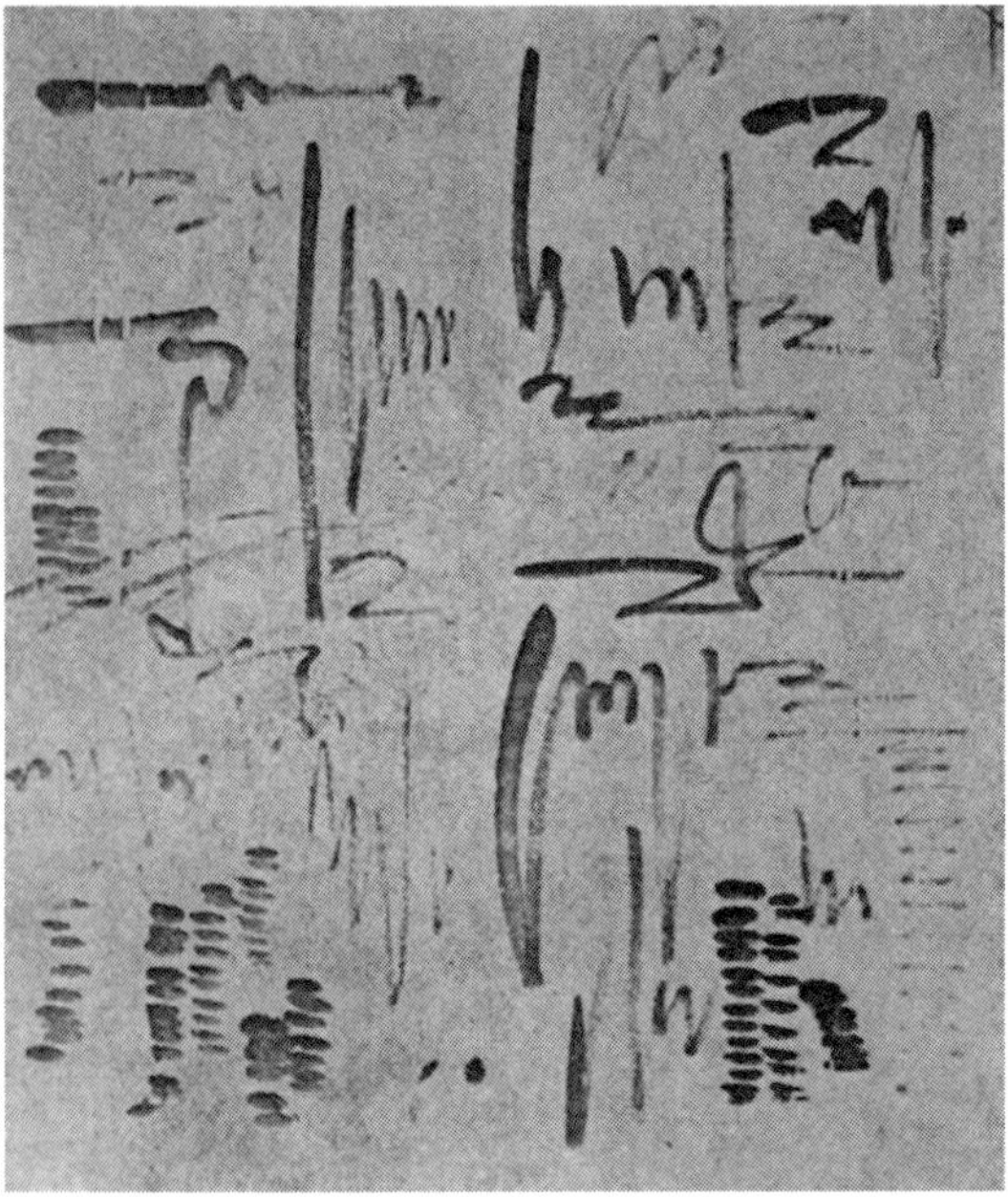

全大宇宙は、神の外にあるのではなく、神の中に、神に抱かれて育てられているのである。ゆえに、宇宙そのものが神と同じ性を持ち、同じ質を持ち、神そのものの現れの一部である。

過去も、現在も、未来も一切が呼吸する現在の中に存し、生前も死後の世界もまた神の中にあり、地上人としては地上人の中に、霊界人にありては霊界人の中に存在し、呼吸し、成長している。

ゆえに、その全体は常《つね》に雑多なるものの集合によって成っている。部分部分が雑多なるがゆえに、全体は存在し、力し、弥栄し、変化する。ゆえに、歓喜が生ずる。

本質的には、善と真《しん》は有であり、悪と偽は影である。ゆえに、悪は悪に、偽は偽に働き得るのみ。影なるがゆえに悪は善に、偽は真《しん》に働き得ない。悪の働きかけ得る真《しん》は、真実の真《しん》ではない。

悪は、すべてを自ら創り得、生み得るものと信じている。善は、すべてが神から流れきたり、自らは何ものをも創り得ぬものと信じている。ゆえに、悪には本来の力なく、影に過ぎない。善は無限の力を受けるがゆえに、ますます弥栄する。

生前の世界は、有なるがゆえに善であり、死後の世界も同様である。

生前の自分の行為が、地上人たる自分に結果してきている。生前の行為が生後審判され、報いられているのではあるが、それは悪因縁的には現れない。そこに、神の大いなる愛の現れがあり、喜びがある。悪因縁が悪として、また善因縁は善として、生後の地上人に現れるのではない。

なぜならば、大神は大歓喜であり、三千世界は大歓喜の現れなるがゆえにである。地上人的に制限されたる感覚の範囲においては、悪と感覚し、偽と感覚し得る結果を来《きた》す場合もあるが、それはいずれもが弥栄である。

これを死後の生活に映された場合もまた同様であって、そこには地獄的なものはあり得ない。川上で濁しても、川下では澄んでいると同様である。

要するに、生前には地獄がなく、生後にも、死後にもまた地獄はないのである。この一貫して弥栄し、大歓喜から大々歓喜に、更に超大歓喜に向かって弥栄しつつ、永遠に生命する真相を知らねばならぬ。

しかし、天国や極楽があると思念することは、既になき地獄を自ら作り出し、生み出す因である。本来なきものを作り出し、一を二に分ける。だが、分けることによって力を生み、弥栄する。地獄なきところに天国はない。天国を思念するところに地獄を生ずるのである。善を思念するがゆえに、悪を生み出すのである。

一あり二と分け、離れて三と栄ゆるがゆえに、歓喜が生まれる。すなわち、一は二にして、二は三である。生前であり、生後であり、死後であり、なおそれらのすべては○である。○は◎であり、⊙であり、・と集約される。ゆえに、これらのすべては、無にして有である。

人の生後、すなわち地上人の生活は、生前の生活の延長であり、また死後の生活にそのままにして進みゆく。

立体となり、立々体と進み、弥栄するところに尽きざる歓喜があり、善悪美醜の呼吸が入り乱れつつ調和して、一の段階より二の段階へ、更に三の段階へと弥栄浄化する。浄化、弥栄することにより、善悪美醜のことごとくは歓喜となる。ゆえに、神の中に、神としてすべてが弥栄するのである。

ことごとくの行為が批判され、賞罰されねばならぬと考える地上人的思念は、以上述べた神の意志、行為、弥栄と離れたものである。歓喜に審判なく、神に戒律はない。戒律は弥栄進展を停止断絶し、審判は歓喜浄化を裁く。このことは、神自らを切断することである。裁きはあり得ず、戒律は作り得ず、すべては、これ湧き出《い》づる歓喜のみの世界なることを知らねばならない。

行為は結果である。思念は原因である。原因は結果となり、結果はただ結果のみとして終わらず、新しい原因を生む。

生前の霊人は、生後の地上人を生む。地上人は死後の霊人を生み、死後人たる結果は、更に原因となりて生前の霊人を生む。

☉は、◎となりて回り、極まるところなくして弥栄える。

以上述べたところによって、これら霊人、地上人、地上人の本体が歓喜と知られるであろう。されば、常《つね》に歓喜に向かってのみ進むのである。これは、ただ霊人や地上人のみではない。あらゆる動物、植物、鉱物的表現による森羅万象のことごとくが、同様の律より一歩も出《い》でず、その極内より極外に至るのみ。

ゆえに、地上世界のことごとくは生前世界にあり、かつ死後の世界に存在し、これらの三は極めて密接なる関係にあり、その根本の大呼吸は一である。生前の呼吸は、そのまま生後、死後に通ずる。

地上におけるすべては、そのままにして生前なるがゆえに、生前の世界にも、家あり、土地あり、山あり、川あり、親あり、子あり、夫婦あり、兄弟姉妹あり、友人あり、また衣類あり、食物あり、地上そのままの生活がある。

地上人、地上生活を中心とすれば、生前、死後は映像の如く感覚されるものである。しかし、生前よりすれば、地上生活、物質生活は、その映像に過ぎないことを知らねばならぬ。

時、所、位による美醜、善悪、また過去、現在、未来、時間、空間のことごとくを知らんとすれば、以上述べたる三界の真実を知らねばならぬ。

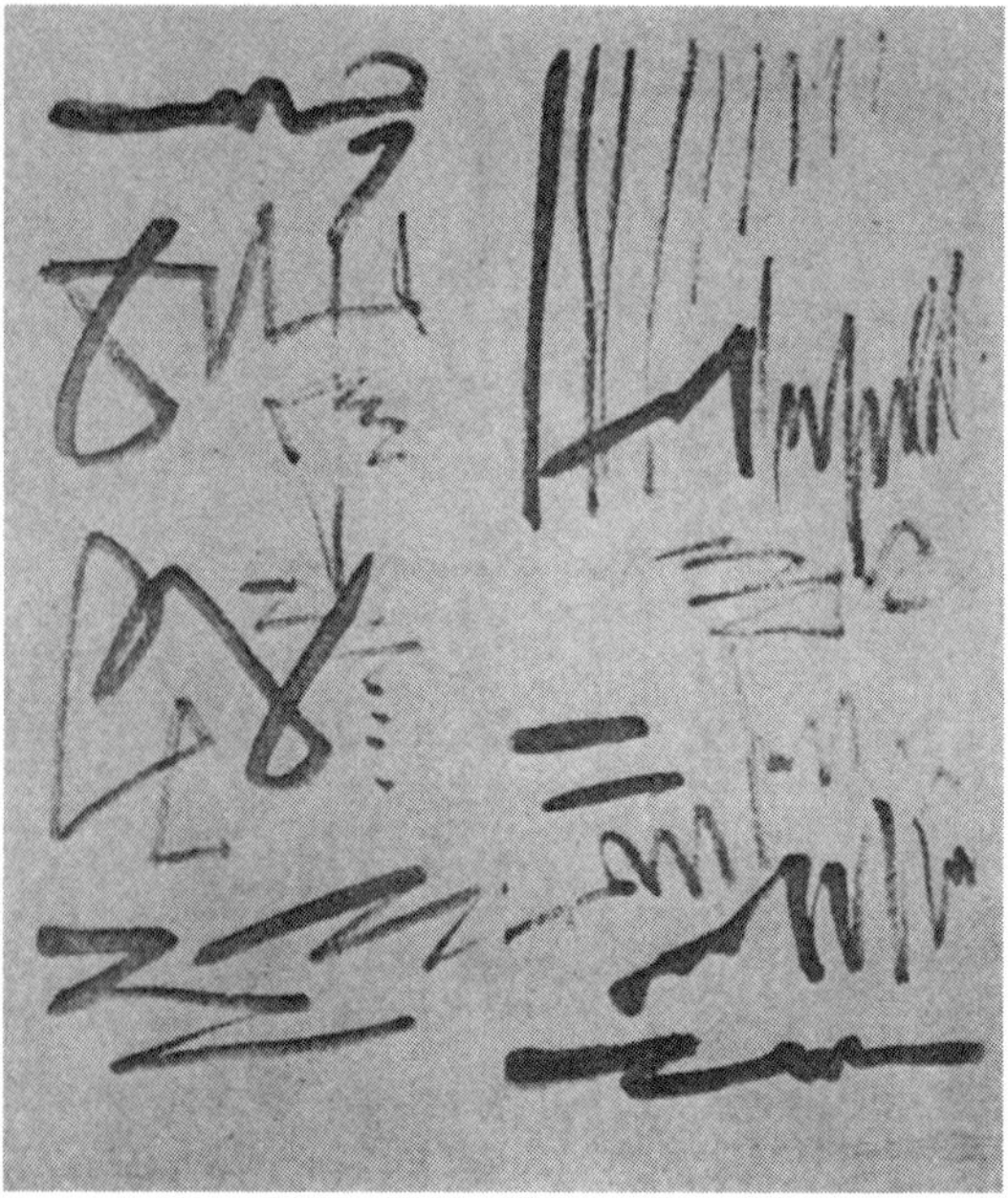

第六帖　（三八三）

霊界人は、その向いている方向が、北である。しかし、地上人のいう北ではなく、中心という意味である。中心は、歓喜の中の歓喜である。それを基として、前後、左右、上下、その他に無限立体方向が定まっているのである。

霊界人は、地上人が見ていずれの方向に向かっていようと、その向かっている方向が中心であることを理解しなければならない。ゆえに、霊人達は、常《つね》に前方から光を受け、歓喜を与えられているのである。それは絶えざる愛であり、真理と受け取られ、それを得ることによって、霊人達は成長し、生命しているのである。要するに、それは霊人達の呼吸と脈搏《みゃくはく》の根元をなすものである。地上人から見て、その霊人達が各々異なった方向に向かっていようとも、同じく、それぞれの中心歓喜に向かって座し、向かって進んでいる。上下、左右、前後に折り重なっていると見えても、それは決して地上人のあり方の如く、霊人達には障害とならない。各々が独立していて、他からの障害を受けない。

しかし、その霊人達は極めて密接な関係に置かれていて、全然別な存在ではない。各自の眼前に、それ相応な光があり、太陽があり、太陰があり、歓喜がある。それは、霊人達が目で見るものではなく、額で見、額で感じ、受け入れるのであるが、その場合の額は、体全体を集約した額である。

地上人においても、その内的真実のものは額でのみ見得るものであって、目に見え、目に映るものは、地上的約束下に置かれ、映像された第二義的なものである。映像として真実であるが、第一義的真理ではない。ゆえに、地上人の肉眼に映じたままのものが、霊界に存在するのでない。内質においては同一であるが、現れ方や位置においては相違する。ゆえに、霊界人が現実界を理解するに苦しみ、地上人は霊界を十分に感得し得ないのである。

霊人の中では、太陽を最も暗きものと感じて、太陽に背を向けて呼吸し、成長しているという。地上人には、理解するに困難なことが多い。要するに、これらの霊人は反対のものを感じ、かつ受け入れて生活しているのであるが、そこにもそれ相当な歓喜があり、真実があり、生活がある。歓喜の受け入れ方や、その厚薄の相違はあるが、歓喜することにおいては同様である。歓喜すればこそ、かの霊人達は太陽に背を向け、光を光と感得し得ずして、闇《やみ》を光と感得していることを知らねばならぬ。この霊人達を邪霊と呼び、邪鬼といい、かかる霊人の住む所を地獄なりと、多くの地上人は呼び、かつ感じ、考えるのである。しかし、それは本質的には地獄でもなく、邪神、邪霊でもない。

霊界においては、思念の相違するものは、同一の場所には存在しない。なぜならば、思念による思念の世界に繋《つな》がるゆえである。現実的に見ては、折り重なってこの霊人達が生活するとも、全然その感覚外に置かれるために、その対象とはならない。

地上人においても原則としては同様であるが、地上的、物質的約束の下《もと》にあるため、この二者が絶えず交叉混交する。交叉混交はしても、同一方向には向かっていない。そこに地上人としての、霊人に与えられていない特別の道があり、別の使命があり、別の自由が生じてくるのである。

第七帖　（三八四）

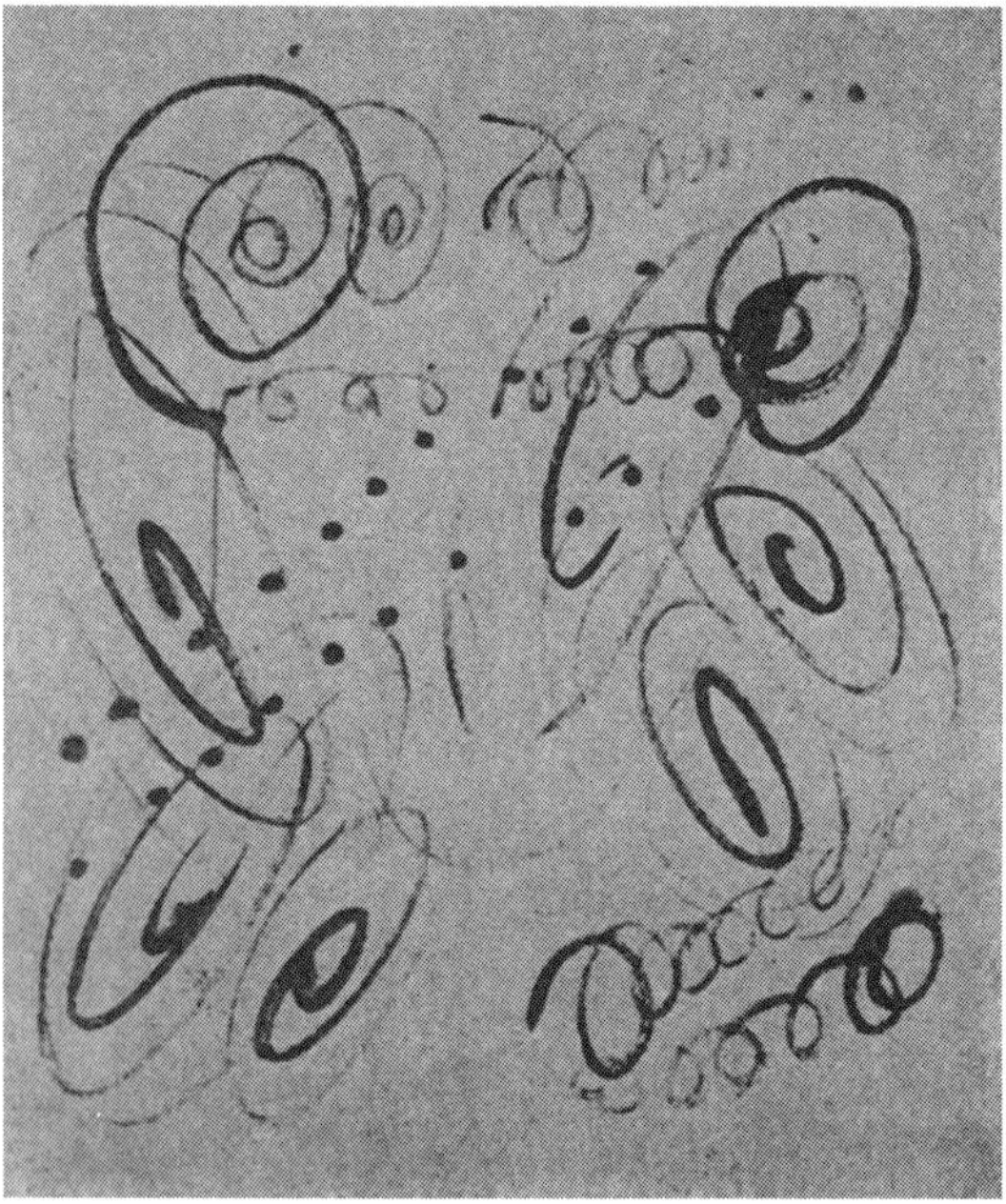

地上には、地上の順序があり、法則がある。霊界には、霊界の順序があり、法則がある。霊界が原因の世界であるからといって、その秩序、法則をそのまま地上には映し得ず、結果し得ないのである。また地上の約束を、そのまま霊界では行い得ない。

しかし、これらのすべては大神の歓喜の中に存在するがゆえに、歓喜によって秩序され、法則され、統一されているのである。その秩序、法則、統一は、一応完成しているのであるが、その完成から次の完成へと弥栄する。ゆえにこそ、弥栄の波長を持って全体が呼吸し、脈搏し、歓喜するのである。これが生命の本体であって、限られたる知によってこの動きを見るときは、悪を許し、善の成長弥栄を殺すが如くに感ずる場合もある。

しかし、これこそ善を生かして、更に活力を与え、悪を浄化して必用の悪とし、必然悪として生かすのである。生きたる真理の大道であり、神の御旨なることを知り得るのである。本来、悪はなく、暗はなく、地獄なきことを徹底的に知らねばならない。これは生前、生後、死後の区別なく、すべてに通ずる歓喜である。

一の天界に住む天人が、二の天界に上昇した時、一の天界は極めて低い囚《とら》われの水の世界であったことを体得する。更に一段上昇、昇華して、三の段階に達した時も同様である。地上人的感覚によれば、二の天界に進んだ時、一の天界は悪に感じられ、三の天界に進んだ時、一の天界は最悪に、二の天界は悪に感じられる場合が多い。悪的感覚と悪的実体は自ら別であるが、この実状を感覚し分け得た上、体得する霊人は極めて少ない如く、地上人に至りては極めて稀《まれ》であることを知らなくてはならない。

悪を悪なりと定めてしまって、悪はすべて祖先より、あるいは原因の世界より伝えられたる一つの因果であるという平面的、地上的考え方の誤っていることは、以上述べたところで明白となり、己を愛するは、まず悪の第一歩なりと考える、その考えが悪的であることを知らねばならぬ。

来《きた》るべき新天地には、悪を殺さんとし、悪を悪として憎む思念はなくなる。しかし、それが最高の理想郷ではない。更に弥栄して高く、深く、歓喜に満つ世界が訪れることを知り、努力しなければならぬ。

第八帖（三八五）

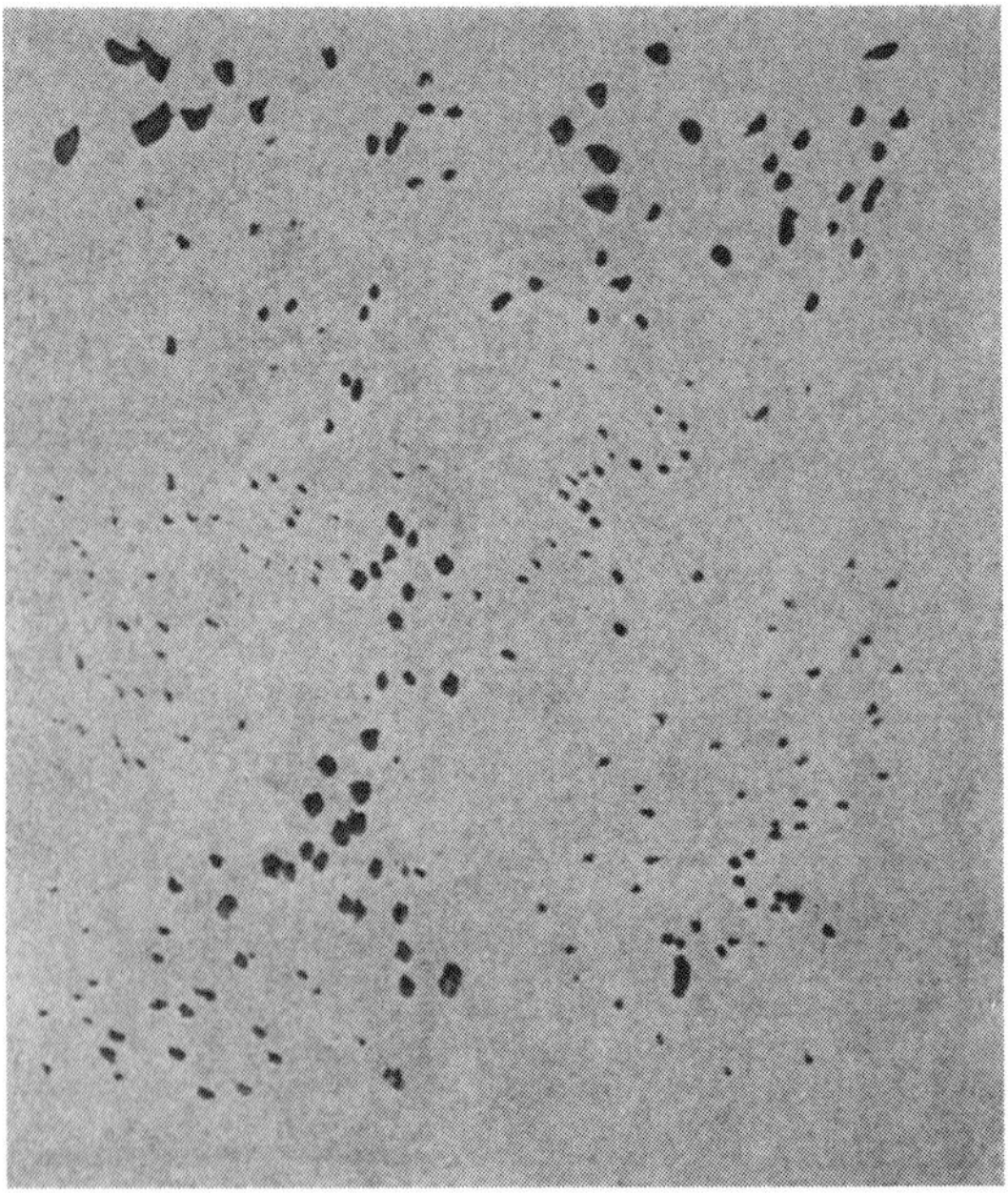

生前の世界に霊人が生活している。山があり、川があり、住宅、衣類、食物がある。

しかし、それは最初からのものではない。それらの元をなす・が歓喜していた。その・が生後、地上世界に映されて、地上的約束の下に成長し、秩序されたがため、その結果が死後の世界に続き、死後の世界の様相は・の原理によって生前世界に移行して、生前的に進展し、弥栄し、その・を幾度となく繰り返すうちに、漸次、内的・に向かって弥栄する面と、外的、地上的に進む・と、その交叉融和することによって更に生み出され弥栄する・と、その各々が各々の立場において進み、呼吸し、脈打ち、生命していると同時に、全体的にも生命し、歓喜し、弥栄している。

しかして、その現れとしては、和せば和すほど相離れ、遠ざかりつつ成長する。また、生命の大歓喜として湧き出ている。ゆえに、地獄にあらざる地獄的霊界、天国にあらざる天国的霊界は、霊人により生み、霊人により育てられると同時に、人々より生み、人々により育てられ、歓喜されるのである。

かく弥栄進展するがゆえに、人類も霊人類も、各々その最後の審判的段階に入るまでは、真《しん》の三千世界の実相を十分に知り得ない。ゆえに、新天新地の来るまで、真《しん》の天国を体得し得ない。新天新地の新しき世界に生まれ出《い》づる自己を知り得ない。

この新天新地は幾度となく繰り返されているのであるが、いずれも・の形におけるが如く同一形式のものではあるが、同一のものではない。より小なるものより、より大なるものが生まれ、より大なるものより、より小なるものが生まれ、より新しきものより、より古きものが生まれ、より古きものより、より新しきものが生まれ、弥栄し、一つの太陽が二つとなり、三つとなり、更には一つとなることを理解しない。月より地球が生まれ、地球より太陽が生まれるということを理解するに苦しむものであるが、最後の審判に至れば、自ら体得し得るのである。これは、外部的なる知によらず、内奥《ないおう》の神智に目覚めることによってのみ知り得る。新天新地新人はかくして、生まれ、呼吸し、弥栄える。しかし、新人と生まれ、新天新地に住むとも、その以前の自分のすべては失わない。ただ、その位置を転換されるのみである。地上人が死後、物質的に濃厚なる部分を脱ぎ捨てるが、その根本的なものは何一つとして失わず生活するのである。その状態よりも、なお一層、そのままであって、何等《なんら》の変化もないと思えるほどである。蛹《さなぎ》が蝶《ちょう》になる如く弥栄えるものであって、それは大いなる喜びである。

なぜならば、大歓喜なる大神の中において、大神のその質と性とを受け継ぎ、呼吸しているからである。すべてのものは歓喜に向かい、歓喜によって行為する。歓喜がその目的であるがゆえに、歓喜以外の何ものも意識し得ない。ゆえに、歓喜より離れたる信仰はなく、真理はなく、生命はない。

生前の霊人が地上人として生まれてくるのも死ではなく、地上人が霊界に入るのもまた死ではなく、弥栄なる誕生であることを知らねばならぬ。

歓喜は行為となる。行為せざる歓喜は、真実の歓喜ではない。ただ考えたり意志するのみでは、萌え出《い》でない。生命しない。ただ意志するだけで行為しないことは、まことに意志することではない。霊界においては、意志することは、直ちに行為となるのである。地上人にありては、物質によりて、物質の中にその意志を行為することによって、初めて歓喜となり、形体をなし、弥栄えるのである。

生前の霊界は、愛の歓喜、真《しん》の歓喜、善の歓喜、美の歓喜の四段階と、その中間の三段階を加えて、七つの段階にまず区別され、その段階において、その度の厚薄によりて幾区画にも区分され、霊人の各々は自らの歓喜にふさわしい所に集まり、自ら一つの社会を形成する。自分にふさわしくない環境に住むことは許されない。否、苦しくて住み得ないのである。もし、その苦に耐え得んとすれば、その環境はその霊人の感覚の外に遠く去ってしまう。

例えば、愛の歓喜に住む霊人は、その愛の内容いかんによって、同一方向の幾百人か幾千、幾万人かの集団の中に住み、同一愛を生み出す歓喜を中心とする社会を形成する。ゆえに、生前の世界では、自分の周囲、自分の感覚し得るもののことごとくが最もよく自分に似ており、自分と調和する。山も川も家も田畑も、そこに住む霊人達も、動物も植物も鉱物も、すべて自分自身と同一線上にあり、同一の呼吸、同一の脈搏の中にあり、それらのすべてが大きな自分自身と映像する場合が多い。自分は他であり、他は自分と感覚する。ゆえに、その性質は生後に基づき、地上人もその周囲を自分化しようとする意志を持っているのである。しかし、地上世界は、物質的約束によって、想念のままには動かない。

死後の世界もまた生前と同様であるが、一度物質世界を通過したものと、しないものとの相違が生じてくるのである。だが、いずれにしても物質世界との密接なる呼吸の繋がりを断ち切ることはできない。

物質は物質的には永遠性を持たず、霊は永遠性を持つが、霊的角度から見れば永遠性は持たない。しかし、物質面より見れば永遠性を持つものであり、永遠から永遠に弥栄してゆくものである。しかして、永遠性を持つ事物は、地上的物質的事物を自分に和合せしめる働きを内蔵している。

無は有を無化せんとし、有は無を有化せんとし、その融合の上に生命が歓喜するのである。無は有を生み、有は無を生み出す大歓喜の根本を、知得しなければならない。

第九帖　（三八六）

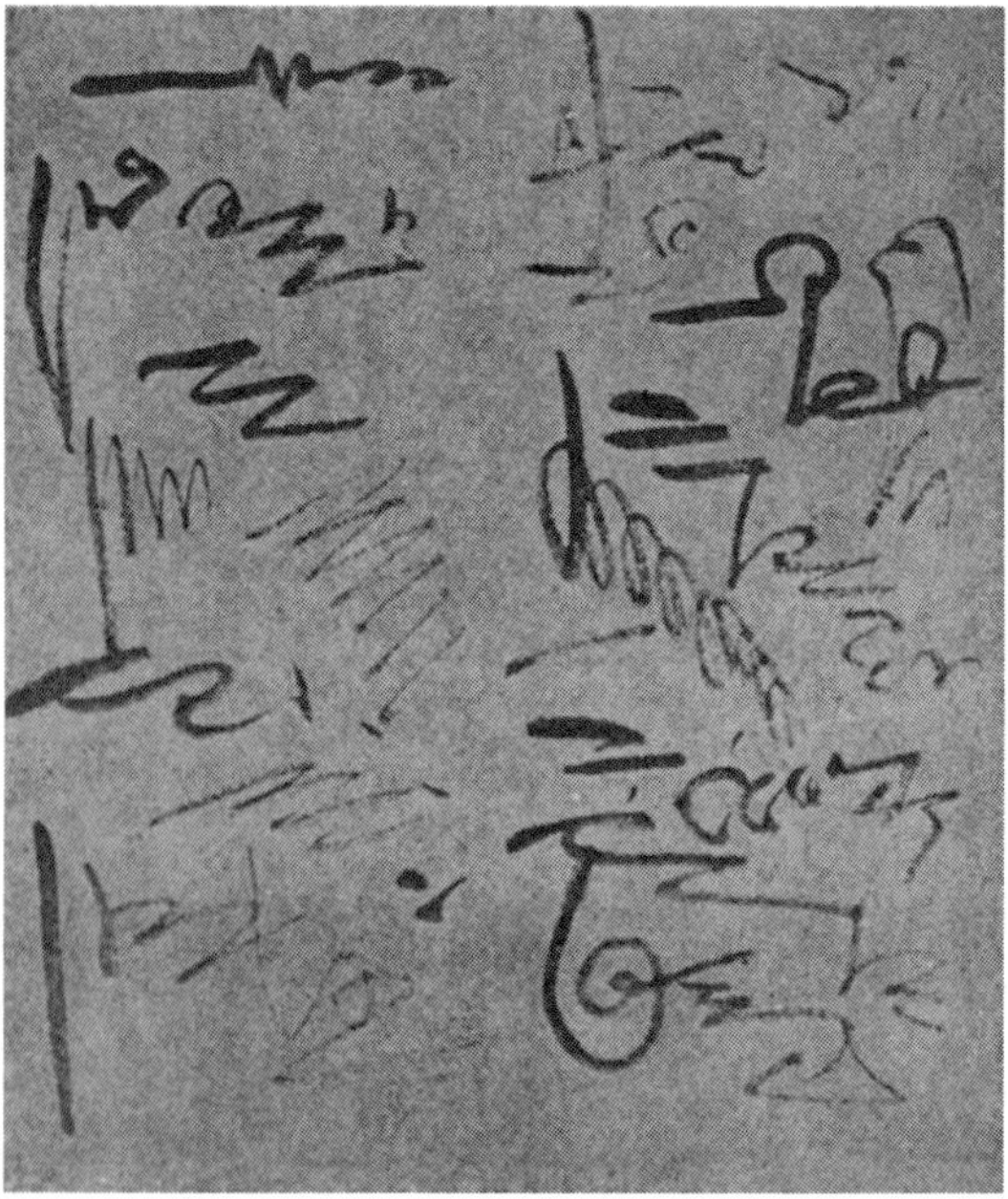

霊、力、体の三つがよりよく調和するところに、真実が生まれ、生命する。これは根元からの存在であり働きであるが、動き弥栄する道程において、復霊、復力、復体の動きをなす。

霊の立場よりすれば、霊は善であって体は悪、体の立場よりすれば、体は善であって霊は悪である。悪あればこそ、善が善として救われ、弥栄する。善あればこそ、悪は悪の御用をなし得るのである。悪は悪善として神の中に、善は善悪として神の中に弥栄える。力がそこに現れ、呼吸し、脈打ちて生命する。ゆえに、生前の霊人は、生前界のみにては善なく、生命なく、地上人との交流によって、初めて善悪として力を生じ、生命してゆく。地上人は、地上物質界のみの立場では悪なく、生命なく、生前界との交流によって、初めて悪善としての力に生き、弥栄してゆく。

しかして、なお地上人は、死後の世界に通じなければならぬ。死後の世界との関連により、複数的悪善に置かれる。善悪善の立場に置かれる場合が多いために、地上における司宰神《しさい》としての力を、自ら与えられるのである。

善悪の生かされ、御用の悪として許されているのは、かかる理由によるものである。善のみにては力として進展せず、無と同じこととなり、悪のみにてもまた同様である。ゆえに、神は悪を除かんとはなし給《たま》わず、悪を悪として正しく生かさんとなし給うのである。

なぜならば、悪もまた神の御力の現れの一面なるがゆえである。悪を除いて善ばかりの世となさんとするは、地上的物質的の方向、法則下に、すべてをはめんとなす限られたる科学的平面的行為であって、その行為こそ、悪そのものである。この一点に、地上人の共通する誤りたる想念が存在する。

悪を消化し、悪を抱き、これを善の悪として、善の悪善となすことによって、三千世界は弥栄となり、不変にして変化極まりなき大歓喜となるのである。この境地こそ、生なく、死なく、光明、弥栄の生命となる。

地上人の持つ想念の本は霊人そのものであり、霊人の持つ想念の本は神であり、神の持つ想念の本は大歓喜である。ゆえに、地上人は霊人によってすべての行為の本をなし、霊人は神により、神は大歓喜によりてすべての行為の本とする。ゆえに、地上人そのもののみの行為なるものはない。いずれも、神よりの内流による歓喜の現れであることを知らねばならぬ。

歓喜の、内奥より湧き出《い》づるものは霊に属し、外部より発するものは体に属する。霊に属するものは常《つね》に上位に位し、体に属するものは常《つね》に下位に属するのであるが、体的歓喜と霊的歓喜の軽重の差はない。

しかし、差のない立場において差を作り出さねば、力を生み出すことはできず、弥栄はあり得ない。すなわち、善を作り、力を生み出すところに悪の御用がある。動きがあるがゆえに反動があり、そこに力が生まれてくる。霊にのみ傾いてもならぬが、強く動かなければならない。体のみに傾いてもならぬが、強く力しなければならない。悪があってもならぬが、悪が働かねばならない。常《つね》に、動き栄えゆく、大和の◎を中心とする上下、左右、前後に円を描き、中心を・とする立体的動きの中に呼吸しなければならない。

それが、正しき惟神《かんながら》の歓喜である。惟神《かんながら》の歓喜は、すべてのものと交流し、お互いに歓喜を増加、弥栄する。ゆえに、永遠の大歓喜となり、大和の大真、大善、大美、大愛として光り輝くのである。

第十帖　（三八七）

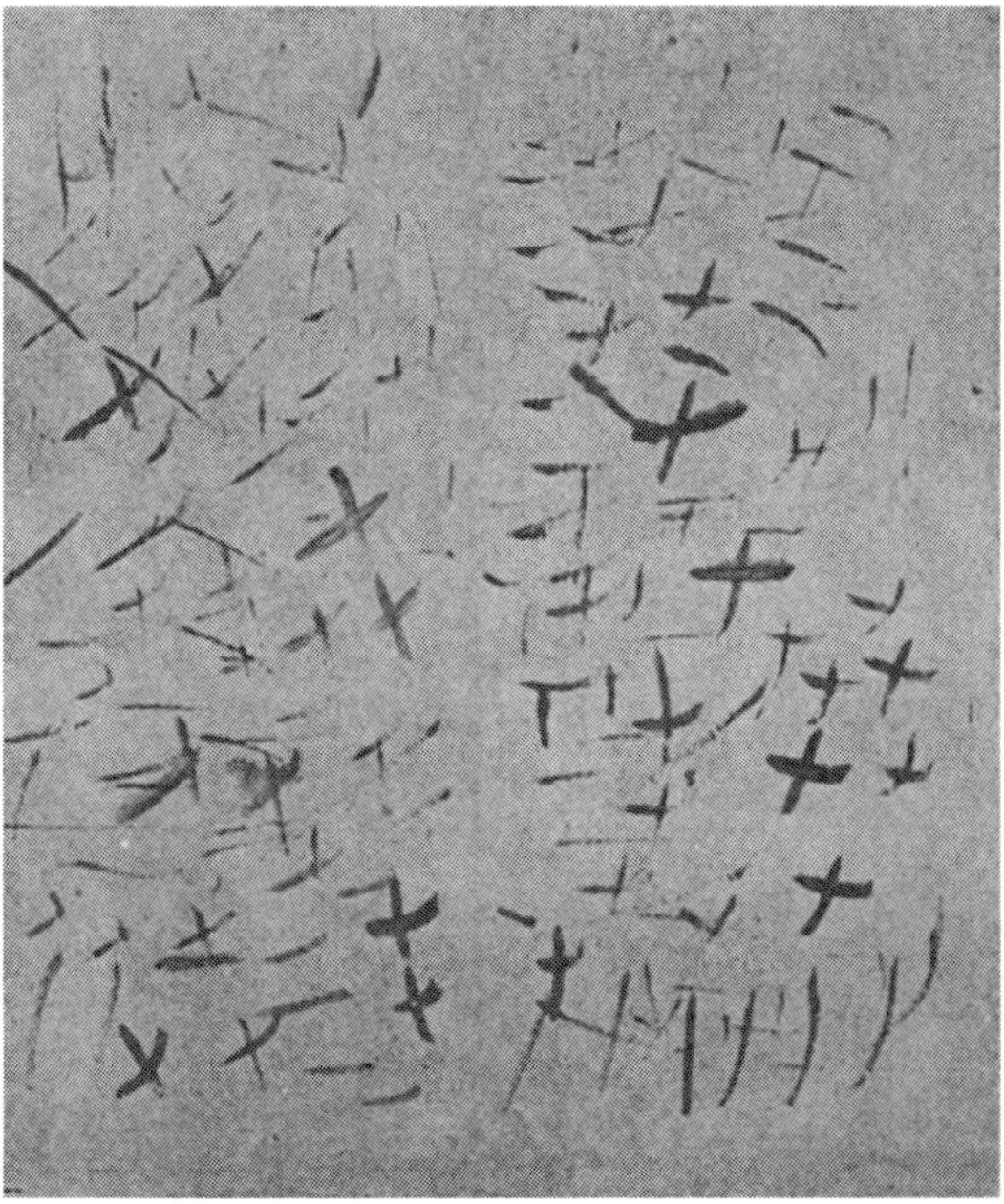

地上人は、内的に生前の霊人と通じ、また死後の霊人と通ずる。地上人が生前を知得するのは、この霊人を通ずるがゆえであり、死後を知得するのも、また同様に通ずるからである。生前と死後は、同一線上に置かれているが、同一ではない。

地上には、物質的形式があり、霊界には霊的形式がある。その形式は、歓喜の交叉し、発するところによって、自らなるものである。形式なくしては合一なく、力なく、形式あるがゆえに、ものがすべてに合一し、弥栄し、力し、大弥栄するのである。

形式の中に和するのは、その個々が差別されているからである。差別し、区分せられることは、その各々に、各々が共通する内質を持つからである。共通性なきものは、差別し、区分することができない。

霊界と現実界との関係は、かかるものであるがゆえに、常《つね》に相応し、力し、力を生じ、また常《つね》に、相通じて力を生みゆく。これは、平面的頭脳ではなかなかに理解し難《がた》いのであるが、この根本原理を体得、理解し得たならば、神、幽、現、三界に通じ、永遠に弥栄する大歓喜に住するのである。

されば、差別は平等と合一することによって立体の差別となり、平等は差別と合一することによって立体平等となり得る。霊人が地上人と和合し、また地上人が霊人と和合し、弥栄するのは、この立体平等と立体差別との弥栄ゆるがためであることを、知らねばならぬ。

この二つの相《あい》反するものを統一し、常《つね》に差別しつつ平等に導き、立体していく力こそ、神そのものの力であり、歓喜である。この二つの力と神の歓喜なくしては、地上人なく、また霊人もあり得ないのである。生成発展もなく、神も歓喜し得ない。この力なくしては、地上人は霊人と和し、神に和し奉《たてまつ》ることはできない。ゆえに、生命しないのである。

第十一帖　（三八八）

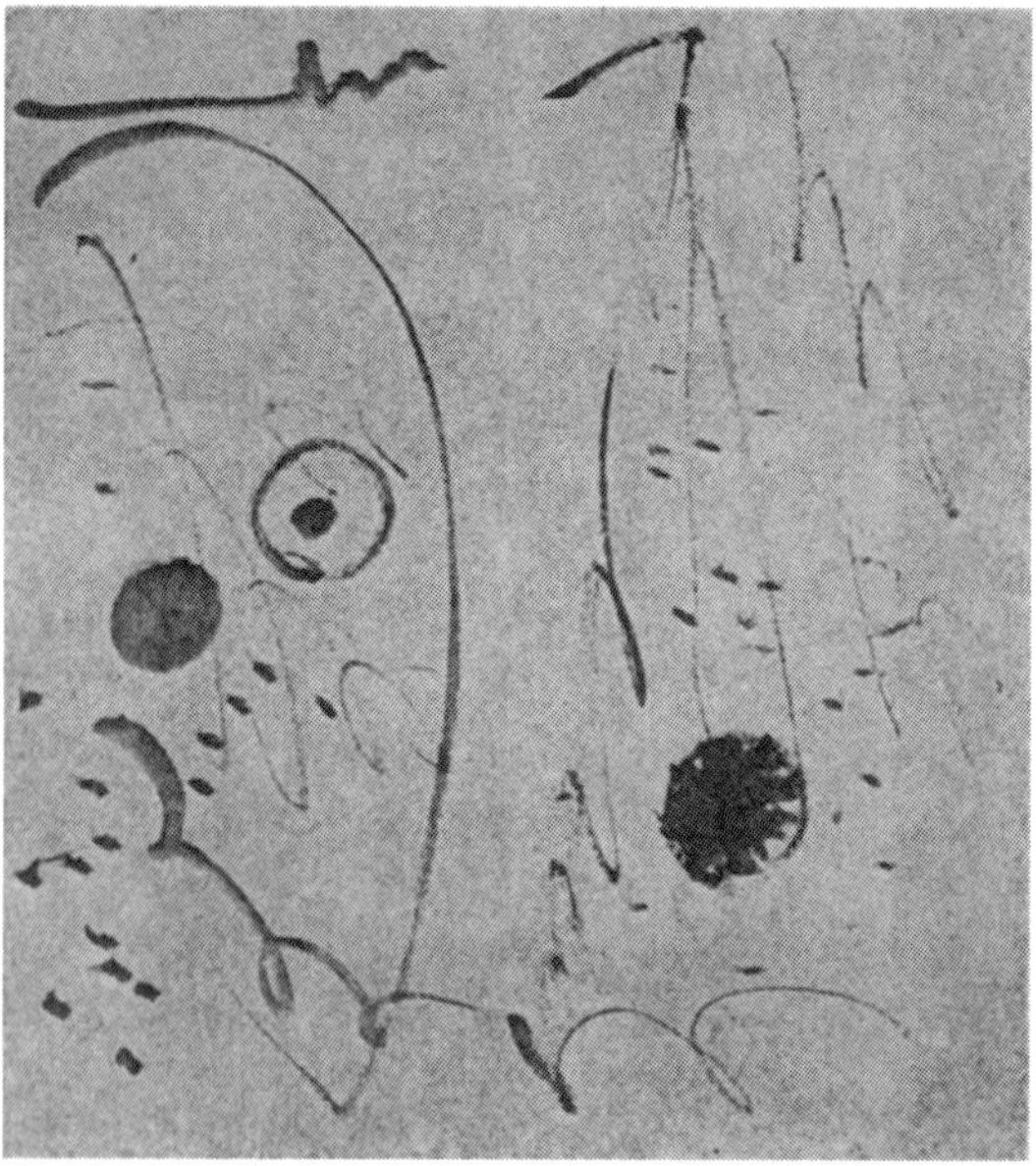

霊人は、遠くにいても近くにいても、常《つね》にお互いに語り得る。同一線上にいる霊人の言葉は、いずれも同一であって、共通する。霊人の言葉は、霊人の想念のままに流れ出るのであるから、そのままにして通ずるのである。

しかし、相手が聞くことを欲しない時には、聞こえない。それはちょうど、テレビやラジオの如きものであると考えたらよい。また、その語ること、その語音によって、その相手のいかなるものなるかを知り得るのである。すなわち、その発音から、また言葉の構成から、その霊人のいかなるものなるかは、直ちに判明する。

霊人の言葉と地上人の言葉とは、本質的には同様であるが、その表現は相違している。ゆえに、霊人と地上人と会話する時は、霊人が地上人の想念の中に入るか、地上人が霊人の想念に和するか、そのいずれかでなくてはならない。

しかし、霊人の言葉は、地上人の言葉に比して、その内蔵するものが極めて深く広いがゆえに、霊人の一語は地上人の数十語、数百語に値する場合が多く、その霊人が高度の霊人であればあるだけに、その度を増してくるのである。原因と結果とを一にし、更に結果より生ずる新しい原因も、新しい結果をも同時に表現し、なお言葉そのものが一つの独立せる行為となり、かつ一つの独立せる生きものとなって現れ、行為し、生命するからである。

言葉そのものが弥栄であり、生命である。また、すべてであるということは、地上人には理解できぬであろう。それは、過去が現在であり、未来もまた現在であり、さらに生前も、生後の立場においては生後であり、死後の立場においては死後である。また一里先も百里先も、また千万里離れていても、同一の場所であるのと同様であって、理解するに極めて困難である。だが、地上人においてもそれを知り得る内的な生命を持っているのであるから、理解することは困難であるが不可能ではない。

霊人の言葉は、歓喜より発するがゆえに歓喜そのものであり、神の言葉でもあるが、その霊人の置かれている位置によって、二つのものに大別し得る。

歓喜の現れとしての愛に位置している霊人の言葉は、善的内容を多分に蔵している。ゆえに、柔らかくして連続的であり、太陽の光（☉）と熱（●）とにたとえることができる。

また、歓喜の現れとして真《しん》に位置する霊人の言葉は、智的内容を多分に蔵している。ゆえに、清く流れ出《い》でて連続的ではなく、ある種《しゅ》の硬さを感じさせる。そして、それは月の光と、水の如き清さとを感じさせる。

また、前者は曲線的であって消極面を表に出し、後者は直線的であって積極面を表に出している。また、前者は愛に住するがゆえに、主としてOとUの音が多く発せられ、後者は智に住するがゆえに、主としてEとIの音が多く発せられている。そして、そのいずれもがA音によって統一要約する神密極まる表現をなし、またそれを感得し得る能力を持っている。

しかし、これらOU、EI及びAの母音は、想念の・をなすものであって、地上人よりすれば、言葉そのものとしては感得し得ないことを知らねばならないのである。

霊界における音楽もまた同様であって、愛を主とした音楽はO及びUを多分に含み、曲線的であり、真《しん》を伝える音楽はI及びEの音が多く、直線的である。

それは、言葉そのものがかかる内質を持っており、各々が霊界における生命の歓喜の表現なるがためである。

また、これら霊人の言葉は、天的の韻律《いんりつ》を持っている。すなわち、愛を主とするものは五七七律を、真《しん》を主とするものは三五七律を主としているが、その補助律としては千変万化である。言葉の韻律は、地上人が肉体の立体を持っている如く、その完全、弥栄を示すものであって、律の不安定、不完全なものは、正しき力を発揮し得ず、生命力がないのである。

第十二帖　（三八九）

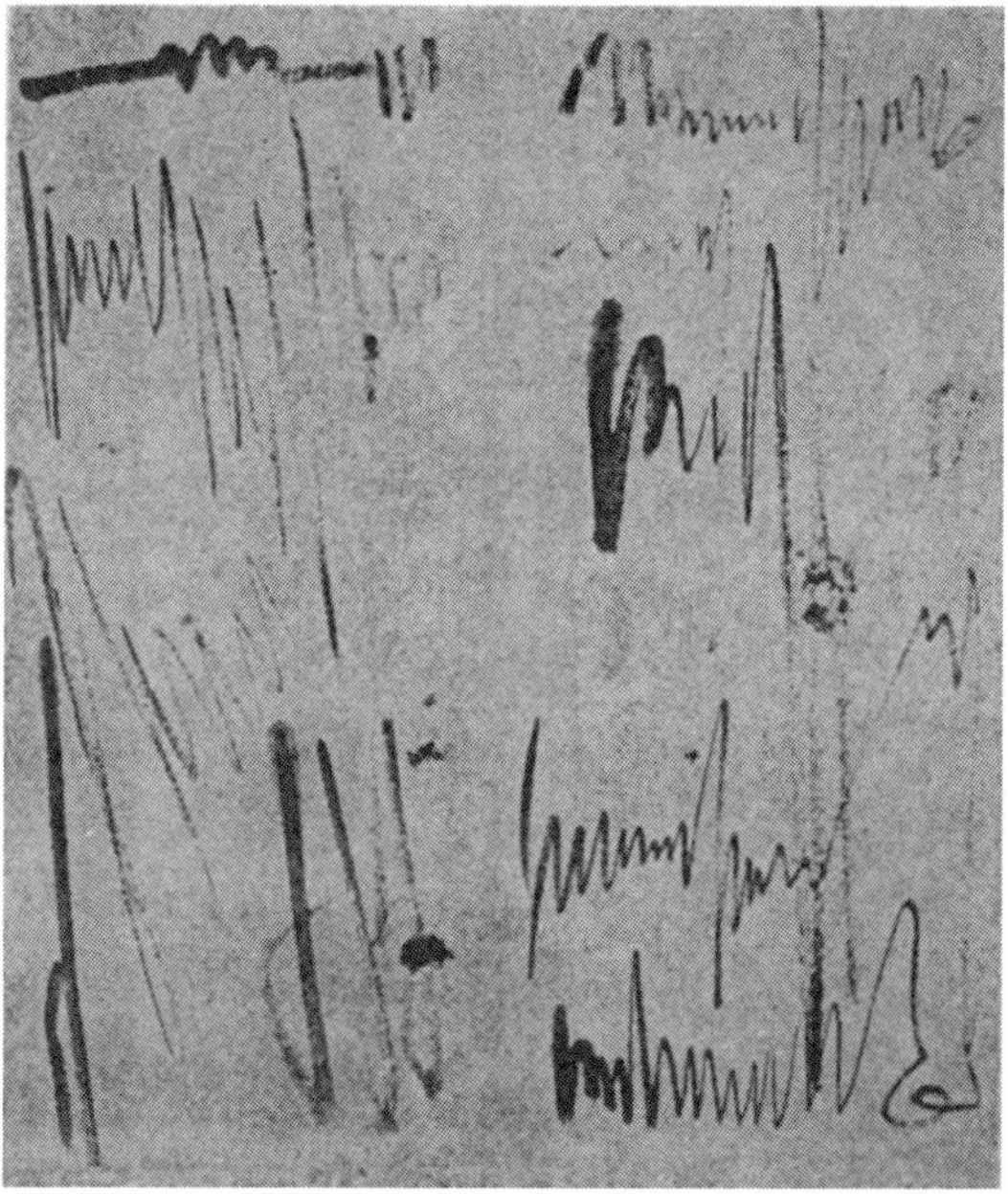

霊人が地上人に語る時は、その想念が同一線上に融和するがためである。霊人が地上人に来る時は、その人の知るすべてを知ることとなるのであるが、その語るのは霊人自身でなくて、霊人と和合して体的の自分に語るので、自分と自分が談話しているのである。

霊人は、現実界と直接には接し得ない。また、地上人は、霊界と直接には接し得ないのが原則である。しかし、それぞれの仲介を通じていっても、直接行うのと同様の結果となるのである。ために、地上人は、直接なし得るものと考えるのである。

地上人の想念の中には霊界が映像されており、霊人の想念の中には現実界が内蔵されている。ゆえに、この二つの世界が一つに見えることもあり得るのである。

しかし、映像と実相の隔たりは、かなり遠いものである。霊人と地上人との交流において、この間の真相を知らねばならぬし、その互いに交わされる談話においても、前記の如くであることを知らねばならない。霊人も地上人も、自分自身と語り、自分自身の中に見、かつ聞いているのである。

霊人が地上人に憑依したり、動物霊が人間に憑依したりすることは、前記の如き原則によって、あり得ないのである。しかし、外部からの感応であり、仲介された二次的交流であっても、その度の強くなった場合、地上人から見れば憑依せると同様の結果を現すものである。ゆえに、神が直接、人間を通じて人語を発し、または書記するのではなくして、それぞれの順序を経て地上人に感応し、その地上人の持つそれぞれの人語を使用して語り、その地上人の持つそれぞれの文字を使用して神意を伝達することとなるのである。

しかし、神の言葉は、いかに地上人を通じて人語としても、その神に通ずる想念を内蔵せぬ地上人には、伝え得ないのである。語れども聞き得ず、読むともその真意は通じ得ないのである。

霊人の中には、自分達の住む霊界のほかに別の世界が限りなく存在することを知らず、またその世界に住む霊人を知らず、また物質世界と地上人を知らない場合もある。それはちょうど、地上人の多くが、生前及び死後の世界を信じないと同様である。

第十三帖　（三九〇）

地上人が、限りなきほどの想念的段階を持ち、各々の世界を作り出している如く、霊界にも無限の段階があり、その各々に同一想念を持つ霊人が住んでおり、常《つね》に弥栄しつつある。

下級段階で正なりとし、善を思い、美を感じ、真《しん》なりと信じ、愛なりと思うその想念も、上級霊界においては必ずしもそうではない。美も醜となり、愛も憎となり、善も真《しん》もそのままにして善となり、真《しん》と現れ得ない場合がある。

そこに偉大にして、計り知られざる弥栄の御神意がある。と同時に、真善、真善美愛、歓喜、大歓喜と現れる神秘なる弥栄があり、悪の存在、偽の必然性などが判明するのである。ゆえに、下級霊人との交流は、地上人にとっても、霊人にとっても、極めて危険極まりないものではあるが、半面においては極めて尊いものとなるのである。

下級霊人自身が善（◎）なりと信じて行為することが、地上人には悪（◎）と現れることが多いのである。なぜならば、かかる下級霊と相通じ、感応し合う内的波長を持つ地上人は、それと同一線上にある空想家であり、極めて狭い世界の殻の中にしか住み得ぬ性を持ち、他の世界を知らないからである。それがため、感応してくる下級霊の感応を全面的に信じ、唯一絶対の大神の御旨なるが如くに独断し、遂には、自身自らが神の代行者なりと信ずるようになるからである。いわゆる、なき地獄を作り出すからである。

地獄的下級霊の現れには、多くの奇跡的なものを含む。奇跡とは、大いなる動きに逆行する動きの現れであることを知らねばならない。かかる奇跡によっては、霊人も地上人も向上し得ない。浄化し、改心し得ないものである。

また、霊人と地上人との交流によるのみでは、向上し得ない。脅迫や、賞罰のみによっても、向上し得ない。すべて戒律的の何ものによっても、霊人も地上人も何等《なんら》の向上も弥栄も歓喜もあり得ない。半面、向上の如くに見ゆる面があるとも、半面において同様の退歩が必然的に起こってくる。それは強《し》いるがためである。

神の歓喜には、強いることなく、戒律する何ものもあり得ない。戒律ある所、必ず影生じ、暗を生み出し、カスが残るものである。それは、大神の内流によって弥栄する世界ではなく、影の世界である。

中心に座す大神のお言葉は、順を経て霊人に至り、地上人に伝えられるのであるが、それはまた霊界の文字となって伝えられる。

霊界の文字は、主として直線的文字と曲線的文字の二つから成る。直線的なものは月の霊人が用い、曲線的な文字は太陽の霊人が使用している。ただし、高度の霊人となれば文字はない。ただ、文字の元をなす・と○と十があるのみ。また、高度の霊界人の文字として、ほとんど数字のみが使用されている場合もある。数字は、他の文字に比して、多くの密意を蔵しているからである。

しかし、これは不変のものではなく、地上人に近づくに従って漸次変化し、地上人の文字に似てくるのである。

第十四帖　（三九一）

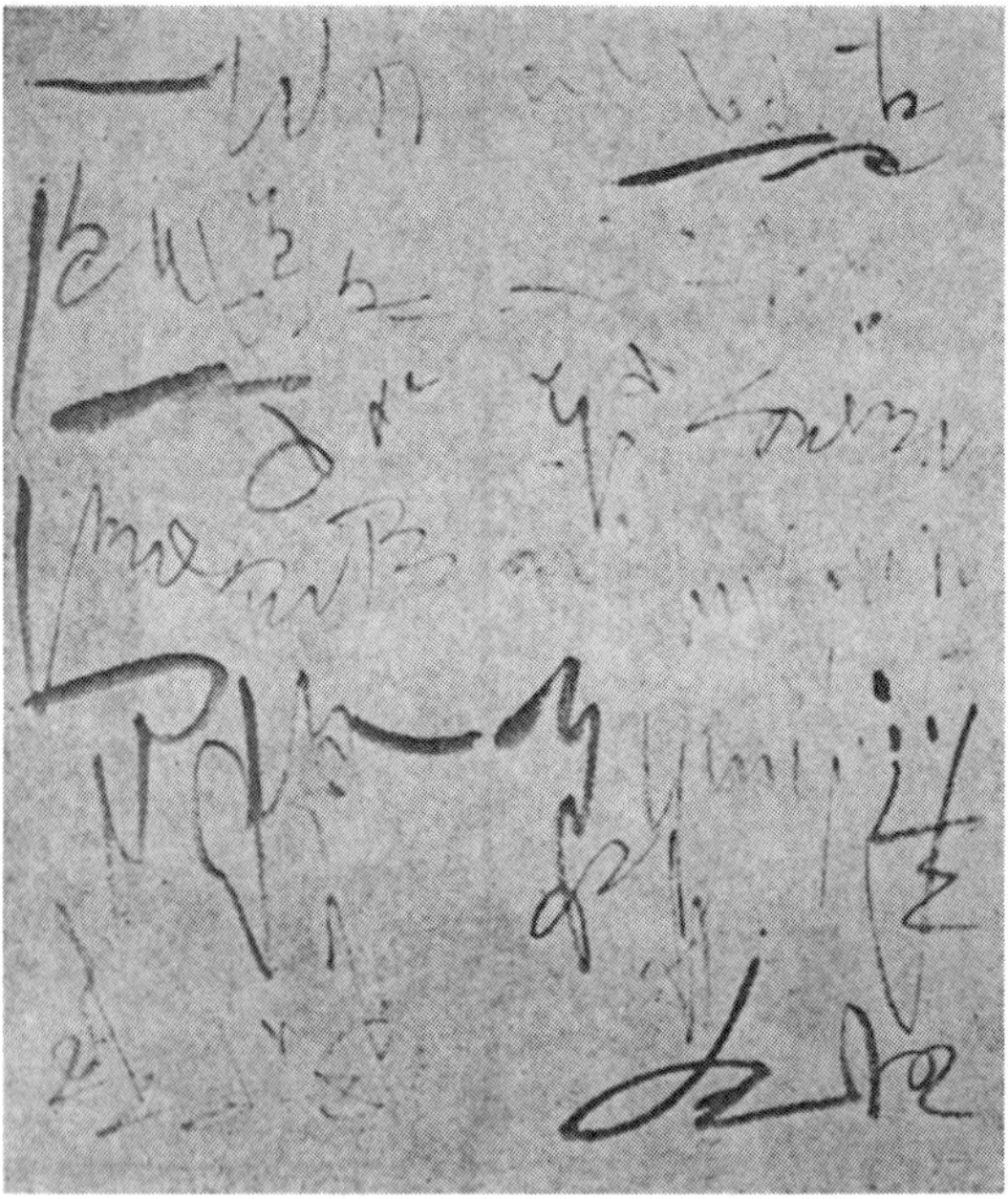

霊界には、時間がない。ゆえに、霊人は時間ということを知らない。そこには、霊的事物の連続とその弥栄があり、歓喜によって生命している。すなわち、時間はないが、状態の変化はある。ゆえに、霊人達は時間の考えはなく、永遠の概念を持っている。

この永遠とは、時間的なものは意味せず、永遠なる状態を意味するのである。永遠ということは、時間より考えるものではなく、状態より考えるべきである。ゆえに、霊人が地上人に接し、地上人に語る時は、地上的固有的な一切を離れて、状態とその変化による霊的なものによって語るのである。

しかし、この霊人の語るところを地上人が受け入れる時は、対応の理により、それが固有的地上的なものと映像されてくるのである。また、地上人に感応して語る時は、その霊媒の思念を霊人の思念として語るがゆえに、固有的表現となり、地上人にも十分に理解しうるのである。

多くの地上人は、霊人を知らない。地上人には、地上世界に顕現《けんげん》するすべてのものの霊体が存在するということをなかなか理解しないし、霊人は反対に、霊界を物質的に表現した物質地上世界のあることをなかなかに理解しない。ただし、死後の霊人は、相当に長い間、地上世界のことを記憶しているものである。

地上人が、なぜ霊界のことを理解し難いかというと、それは、地上的物質的感覚と、地上的光明の世界のみが、常《つね》にその対象となっているからである。例えば、霊人とは地上人の心に通じ、あるいは、心そのものであると考えるためである。つまり、霊人は心であるから、目も鼻も口もなく、また手足などもないと考えるからである。ところが実際は、霊人そのものが手を持つがゆえに地上人に手があり、指を持っているがゆえに地上人に指が生ずることを知らなければならない。しかも、霊人は地上人より遥かに精巧にできていることは、それを構成するものが精巧であることによって、立証されるであろう。霊人は、地上人に増して一段と光明の世界にあり、一段と優れた霊体を有している。

霊界における事物は、すべて霊界における太陽と、太陰とによりて生まれてくる。それは、地上における場合と同じである。太陽と太陰との交叉により生ずる歓喜によって、その生まれたるものは、更に一層の光輝《こうき》を放ち、弥栄となる。

また、霊界には物質世界の如く空間はない。このことを地上人は、なかなかに理解しないのである。霊界における場所の変化は、その内分の変化にほかならない。霊界に距離はない。空間もない。ただあるものは、その態の変化のみである。ゆえに、離れるとか、分かれるとかいうことは、内分が遠く離れていて、同一線上にないことを物語る。

物質的約束における同一場所にあっても、その内分が違っている場合は、その相違の度に正比較、正比例して、遠ざかっているのである。ゆえに、地上的には同一場所に同一時間内に存在するいくつかの、幾十、幾百、幾千万かの世界及びあらゆる集団も、内分の相違によって、感覚の対象とならないから、ないのと同様であることを知り得るのである。

第十五帖　（三九二）

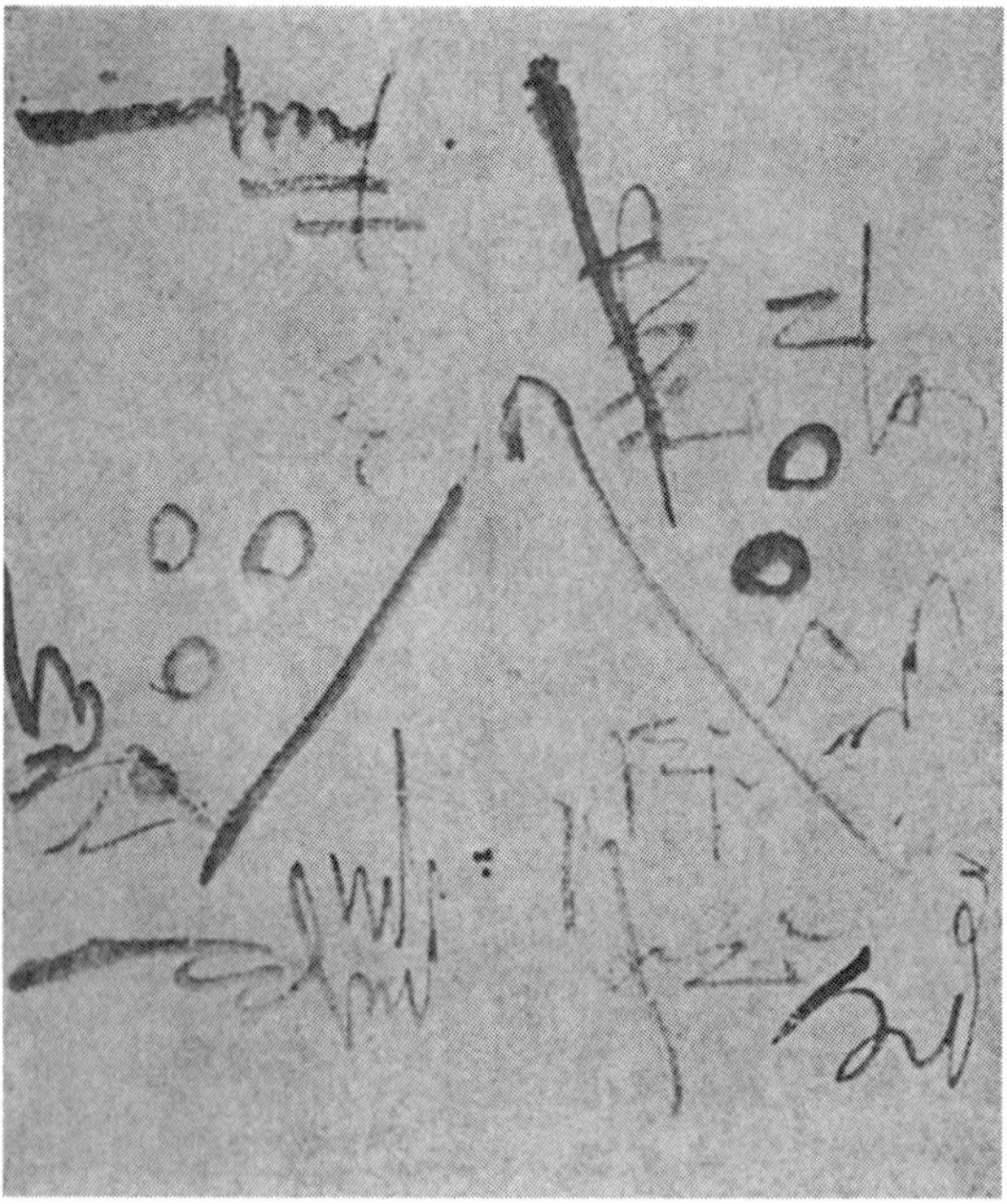

霊界には、山もあり、川もあり、海もあり、また諸々《もろもろ》の社会があり、霊界の生活がある。ゆえに、そこには霊人の住宅があり、霊人はまた衣類を持つ。住宅は、その住む霊人の生命の高下によって変化する。霊人の家には、主人の部屋もあれば、客室もあり、寝室もあり、また食堂もあり、風呂場もあり、物置もあり、玄関もあり、庭園もあるといったふうに、現実世界とほとんど変わりがない。ということは、霊人の生活様式なり、思想なりが、ことごとく同様であるということを意味する。

また、内分を同じくする霊人達は、相集まり、住宅は互いに並び建てられており、地上における都会や村落とよく似ている。その中心点には、多くの場合、神殿や役所や学校等、あらゆる公共の建物が、ほどよく並んでいる。

そして、これらのすべてが霊界に存在するがゆえに、地上世界にそれの映しがあるのである。霊界を主とし、霊界に従って、地上に映し出されたのが、地上人の世界である。地上人は、物質を中心として感覚し、かつ考えるから、真相がなかなかに摑《つか》めない。

これらすべての建物は、神の歓喜を生命として建てられたものであって、霊人の心の内奥にふさわしい状態に変形され得る。

また、天人の衣類も、その各々が持つ内分に正比例している。高い内分にいる霊人は高い衣を、低いものは低い衣を、自らにして着することとなる。彼等《かれら》の衣類は、彼等の理智に対応しているのである。理智に対応するということは、真理に対応するということになる。

ただし、最も中心に近く、大神の歓喜に直面する霊人達は、衣類を着していないのである。この境地に至れば、すべてが歓喜であり、他は自己であり、自己は他であるがゆえである。しかし、他よりこれを見る時は、見る霊人の心の高低によって、千変万化の衣類を着せる如く見ゆるのである。また、衣類はすべて、霊人の状態の変化によって、変化してゆくものである。

霊人はまた、いろいろな食物を食している。言うまでもなく霊人の食物であるが、これもまた、その霊人の状態によって千変万化するが、要するに歓喜を食べているのである。食べられる霊食そのものも、食べる霊人も、いずれも食べるということによって、歓喜しているのである。

地上人の場合は、物質を口より食べるのであるが、霊人は口のみでなく、目からも、鼻からも、耳からも、皮膚からも、手からも、足からも、食物を体全体から食べるものである。そして、食べるということは、霊人と霊食とが調和し、溶け合い、一つの歓喜となることである。霊人から見れば、食物を自分自身たる霊人の一部とするのであるが、食物から見れば、霊人を食物としての歓喜の中に引き入れることとなるのである。

これらの行為は、本質的には、地上人と相通ずる食物であり、食べ方ではあるが、その歓喜の度合及び表現には大きな差がある。食物は歓喜であり、歓喜は神であるから、神から神を与えられるのである。

以上の如くであるから、他から霊人の食べるのを見ていると、食べているのか、食べられているのか分からないほどである。

また、霊人の食物は、その質において、その霊体の持つ質より遠く離れたものを好む。現実社会における、山菜、果物、海草等に相当する植物性のものを好み、同類である動物性のものは好まない。なぜならば、性の遠く離れた食物ほど歓喜の度が強くなってくるからである。霊人自身に近い動物霊的なものを食べると、歓喜しないのみならず、かえって不快となるからである。そして、霊人はこれらの食物を歓喜によって調理している。そしてまた、与えられたすべての食物は、ことごとく食べて一物をも残さないのである。

すべての善は、・より起こり・に返るのと同様、すべての悪もまた、・より起こり・に返る。ゆえに、神を離れた善はなく、また、神を離れた悪のみの悪はあり得ないのである。殊《こと》に地上人は、この善悪の平衡の中にあるがゆえに、地上人たり得るのであって、悪を取り去るならば、地上人としての生命はなく、また善はなくなるのである。

この悪を、因縁により、また囚われたる感情が生み出す悪だと思ってはならない。この悪があればこそ、自由が存在し、成長し、弥栄するのである。悪のみの世界はなく、また、善のみの世界はあり得ない。いわゆる、悪のみの世界と伝えられるような地獄は、存在しないのである。

地上人は、霊人との和合によって、神と通ずる。地上人の肉体は悪的な事物に属し、その心は善的霊物に属する。その平衡するところに力を生じ、生命する。

しかし、地上人と霊人と一体化したる場合は、神より直接に地上人にすべてが通じ、すべてのもの・が与えられると見えるものである。これを、直接内流と称し、この神よりの流入するものが、意志からする時は理解力となり、真理となる。また、愛より入る時は善となり、信仰力となって現れる。そして、神と通ずる一大歓喜として、永遠に生命する。ゆえに、永遠する生命は、愛と離れ、真《しん》と離れ、また信仰と離れてはあり得ないのである。

神そのものも、神の法則、秩序に逆らうことはできない。法則とは、歓喜の法則である。神は、歓喜によって、地上人を弥栄せんとしている。これは、地上人として生まれ出《い》づる生前から、また、死後に至るもやまざるものである。神は、左手にて〕の動きをなし、右手にて〔の動きをなす。そこに、地上人としては割り切れないほどの、神の大愛が秘められていることを知らねばならぬ。

　地上人は、絶えず善、真《しん》に導かれると共に、また、悪、偽に導かれる。この場合、その平衡を破るようなことになってはならない。その平衡が、神の御旨である。平衡より大平衡に、大平衡より超平衡に、超平衡より超大平衡にと進みゆくことを弥栄というのである。

　左手は右手によりて生き、動き、栄える。左手なき右手はなく、右手なき左手はない。善、真《しん》なき悪、偽はなく、悪、偽なき善、真《しん》はあり得ない。神は善、真《しん》、悪、偽であるが、その新しき平衡が新しき神を生む。新しき神は、常《つね》に神の中に孕《はら》み、神の中に生まれ、神の中に育てられつつある。始めなき始めより、終わりなき終わりに至る大歓喜の栄ゆる姿が、それである。

第十六帖　（三九三）

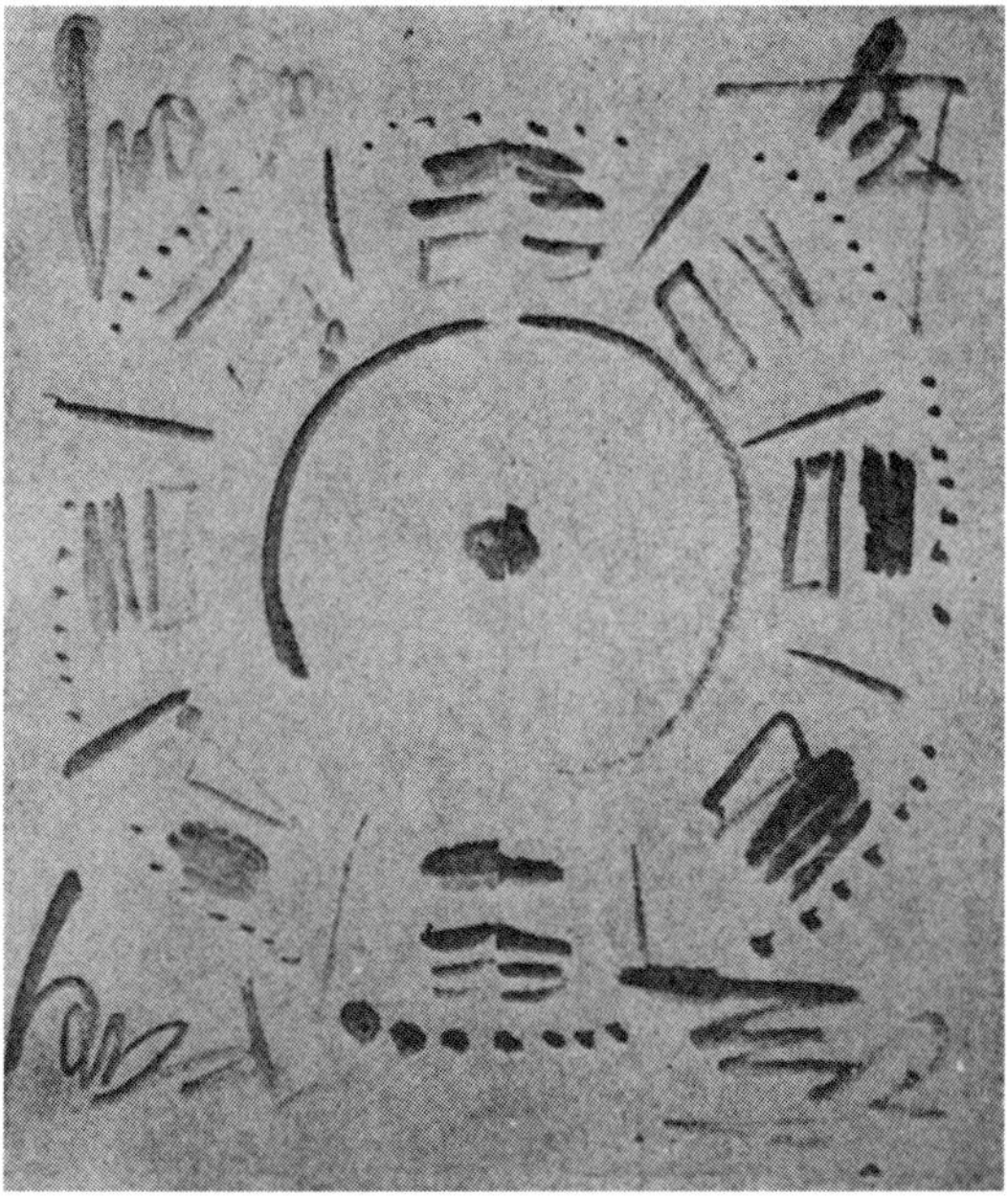

考えること、意志すること、行為することの根本は、肉体からではない。霊的な内奥の自分からである。この内奥の自分は、神に繫がっている。ゆえに、自分自身が考え、意志し、行為するのではなく、自分というものを通じ、肉体を使って、現実界への営みを神がなし給《たま》うているのである。そこに、人が地上における司宰者たる、また、たり得る本質がある。

地上人が死の関門をくぐった最初の世界は、地上にあった時と同様に意識があり、同様の感覚がある。これによって、人の本体たる霊は、生前同様に霊界でも見、聞き、味わい、嗅ぎ、感じ、生活することができるのである。しかし、肉体を捨てて霊体のみとなり、霊界で活動するのであるから、物質の衣に過ぎないことが判明する。

肉体を持っている地上人の場合は、その肺臓が想念の現れとなって呼吸する。霊界に入った時は、霊体の肺臓が同様の役目を果たすようになっている。また、心臓は、その情動の現れとなって脈打つ。霊体となっても、また同様であることを知らねばならぬ。この二つの動きが一貫せる生命の現れであって、生前も、生存中も、死後もまた同様である。肉体の呼吸と脈搏とは、新しき霊体の呼吸と脈搏に相通じ、死の直後に霊体が完全するまでは、肉体のそれは停止されないのである。

かくて、霊界に入った霊人達は、すべて生存時と同じ想念を持っている。ために、死後の最初の生活は、生存時とほとんど同一であることが判明するであろう。ゆえに、そこには地上と同様、あらゆる集団と、限りなき段階とが生じている。しかして、霊界においては先に述べた如き状態であるがゆえに、各人の歓喜は、死後の世界においても、生前の世界においても、これに対応する霊的の事物と変じて現れるものである。この霊的事物は、地上の物質的事物に対応する。

人間が物質界にいる時は、それに対応した物質の衣、すなわち肉体を持ち、霊界に入った時は、それに相応した霊体を持つ。そして、それはまた完全なる人間の形であり、人間の形は霊人の形であり、神の形であり、さらに、大宇宙そのものの形である。大宇宙にも、頭があり、胴があり、手足があり、目も鼻も口も耳もあり、また内臓諸器管に対応するそれぞれの器管があって、常《つね》に大歓喜し、呼吸し、脈打っていることを知らねばならない。

大歓喜は無限であり、かつ永遠に進展してゆくのである。変化、進展、弥栄せぬものは歓喜ではない。歓喜は心臓として脈打ち、肺臓として呼吸し、発展する。ゆえに、歓喜は肺臓と心臓とを有する。この二つは、あらゆるものに共通であって、植物にもあり、鉱物にすら存在するものである。

人間の場合は、その最も高度にして精妙なる、根本の心臓と肺臓に通ずる最《さい》奥《おう》の組織を有する。これは最早《もはや》、心臓と表現するにはあまりにも精妙にして、かつ深い広い愛であり、肺臓として呼吸するにはあまりにも高く精巧なる真理である。しかして、この二者は一体にして同時に、同位のものとなっていることを知らねばならない。それは、心臓としての脈搏でもなく、肺臓としての呼吸でもない。表現極めて困難なる神秘的二つのものが一体であり、二つであり、三つの現れである。そこに人間としての、他の動物に比して異なるもの、すなわち、大神より直流し来るものを感得し、それを行為し得る独特のものを有しているのである。

　人間が一度死の関門をくぐり肉体を捨てた場合は、霊そのものの本来の姿に返るのであるが、それは直ちに変化するものではなくして、漸次その状態に入るのである。第一は極外の状態、第二は外の状態、第三は内的状態、第四は極内的状態、第五は新しき霊的生活への準備的状態である。七段階と見るときは、内と外との状態を各々三段階に分け、三つと見るときは内、外、準備の三つに区分するのである。

第十七帖　（三九四）

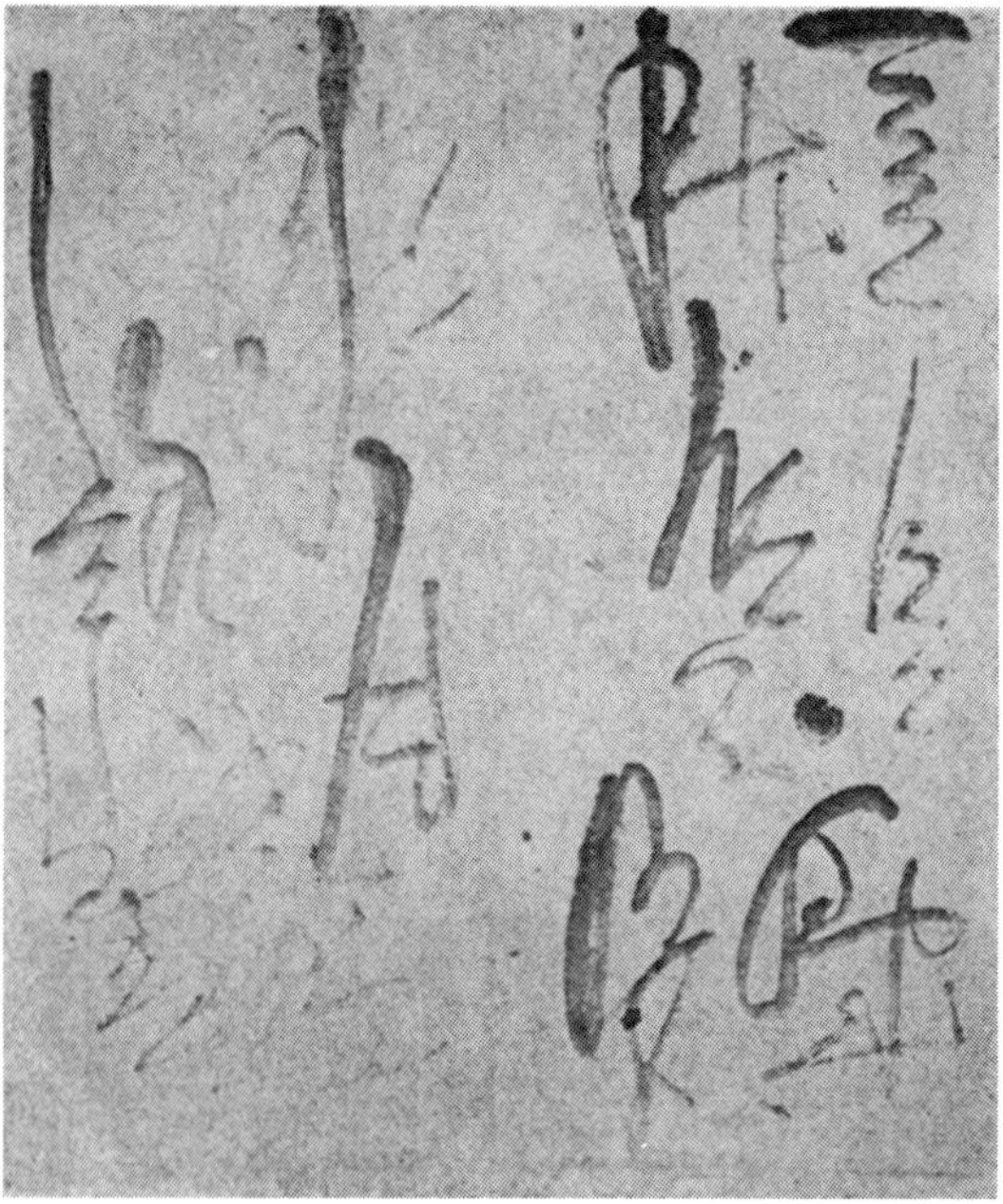

地獄はないのであるが、地獄的現れは生前にも、生後にも、また死後にもあり得る。しかし、それは第三者からそのように見えるのであって、真実の地獄ではない。大神は大歓喜であり、人群万類の生み主であり、大神の中にすべてのものが成長しているためである。

死後、一《ひと》まず置かれる所は、霊、現の中間の世界であり、そこでは中間物としての中間体を持っている。意志のみでは力を生まない。理解のみでも進展しない。意志と理解との結合によって弥栄する。このことは、中間の状態、すなわち、死後の最初の世界において、何人《なんぴと》もはっきりと知り得る。

しかし、生存時において既に過去を清算している霊人は、この中間世界に止《とど》まる必要はなく、その結果に対応した状態の霊界に直ちに入るのである。清算されていない者は、清算が終わるまでこの中間世界に止《とど》まって努力し、精進、教育される。その期間は五十日前後とみてよいが、最も長いものは十五、六年から二十年くらいを要する。

この中間世界から天国的世界を臨むときは、光明に満たされている。ゆえに、何人もこの世界へ進み易《やす》いのである。また、地獄的な世界は暗黒に満たされているゆえに、この世界に行く扉は閉ざされているのと同様であって、極めて進み難《にく》いのである。天国には昇り易く、地獄には落ち難いのが実状であり、神の御意志である。

しかし、この暗黒世界を暗黒と感ぜずして進みゆく者もあるのであって、その者達にはそれがふさわしい世界なのである。そこに、計り知れないほどの大きく広い、神の世界が開《ひら》かれている。この地獄的暗黒世界は、暗黒ではあるが、それは比較からくる感じ方であって、本質的に暗黒の世界はなく、神の歓喜は限りないのである。

以上の如く、中間世界からは、無数の道が無数の世界に通じており、生前から生後を通じて、思想し、行為したことの総決算の結果に現れた状態によって、それぞれの世界に通ずる道が、自らにして目前に開《ひら》かれてくるのである。否、その各々によって自分自身が進むべき道を開《ひら》き、他の道、他の扉は一切感覚し得ないのである。ゆえに、迷うことなく、自分の道を自分で進み、その与えられた最もふさわしい世界に落ち着くのである。他から見て、それが苦の世界、不純な世界に見えようとも、当の本人には楽天地なのである。

なぜならば、一の世界に住む者には、二の世界は苦の世界となり、二の世界に住む者には、一の世界はまた苦の世界と感覚するからであって、いずれも自ら求むる歓喜にふさわしい世界に住するようになっているのである。また、一の世界における善は、二の世界では善ではなく、二の世界の真《しん》が、一の世界においては真《しん》でない場合も生じてくる。

しかし、そのすべての世界を通じ、更に高き・に向かって進むことが、彼等《かれら》の善となるのである。・は中心であり、大歓喜であり、神である。

死後の世界に入る時に、人々は、まず自分の中の物質を脱ぎ捨てる。生存時においては、物質的な自分、すなわち肉体、衣類、食物、住宅等が主として感覚の対象となるから、そのものが生命し、かつ自分自身であるかの如くに感ずるのであるが、それは自分自身の本体ではなく、外皮に過ぎない。成長し、考慮し、行為するものの本体は、自分自身の奥深くに秘められた自分、すなわち霊の自分である。霊の自分は、物質世界にあっては、物質の衣を着ける。ゆえに、物質的感覚は、その衣たる物質的肉体のものなりと錯覚する場合が多いのである。

しかし、肉体を捨てて霊界に入ったからといって、物質が不要となり、物質世界との因縁がなくなってしまうのではない。死後といえども、物質界とは極めて密接なる関係に置かれる。

なぜならば、物質界と関連なき霊界のみの霊界はなく、霊界と関連なき物質のみの物質界は、呼吸し得ないからである。生前の霊界、生後の物質界、死後の霊界のいずれもが不離の関係に置かれて、互いに呼吸し合っている。

例えば、地上人は生前世界の気を受け、また死後の世界に通じている。現実世界で活動しているのが、半面においては生前の世界とも、また死後の世界とも深い関連を持っており、それらの世界においても同時に活動しているのである。

第十八帖　（三九五）

神から出る真《しん》、善、美、愛の働きに奉仕するのが、霊人達の生命であり、仕事であり、栄光であり、歓喜である。ゆえに、霊界における霊人達の職業は、その各々の有する内分により、段階によって、自ら定まる。ために、その働きは無数であり、かつ千変万化する。歓喜第一、神第一の奉仕が、霊人の職業である。ゆえに、自分自身の我《が》が表に出たときは、力を失い、仕事を失い、苦悩する。

霊人の仕事は限りなく、地上人の仕事以上に多様であるが、より良さ、より高さ、より神に近い霊人生活に入るための精進であり、喜びであることが知られる。そして、そのいずれもが神の秩序、すなわち大歓喜の秩序、法則によって相和《あい》し、相通じ、全般的には一つの大きな神の働きをなしているのである。ゆえに、いずれの面の働きをなすとも、自己というものはなく、弥栄あるのみ、神あるのみとなる。

なお、注意すべきことは、霊界において権利なるものは一切感ぜず、義務のみを感じているということである。すなわち、義務することが霊人の大いなる歓喜となるのである。ために、命令的なものはない。ただひたすら、奉仕があるのみである。その奉仕は、地上人であった時の職業と相通ずるものがある。なぜならば、霊と物とは対応しているからである。生前は生後であり、死後はまた生前であって、春秋日月の働きを繰り返しつつ弥栄えている。従って、霊界に住む霊人達も、両性に区別することができる。陽人と、陰人とである。

陽人は、陰人のために存在し、陰人は、陽人のために存在する。太陽は、太陰によりて弥栄え、太陰は、太陽によりて生命し、歓喜するのである。この二者は、絶えず結ばれ、また絶えず反している。ゆえに、二は一となり、三を生み出すのである。これを愛と真《しん》の結合、または結婚とも称《たた》えられている。

三を生むとは、新しき生命を生み、かつ歓喜することである。新しき生命とは、新しき歓喜である。歓喜は、物質的形体はないが、地上世界では物質の中心をなし、物質として現れるものである。

霊界における春は、陽であり、日と輝き、かつ力する。秋は陰であり、月と光り、かつ力する。この春秋の動きを、また、歓喜と呼ぶのである。春秋の動きあって、神は呼吸し、生命するともいい得る。

また、悪があればこそ成長し、弥栄し、かつ救われるのである。ゆえに、神は、悪の中にも善の中にも、また、善悪の中にも悪善の中にも呼吸し給《たま》うものである。

第十九帖（三九六）

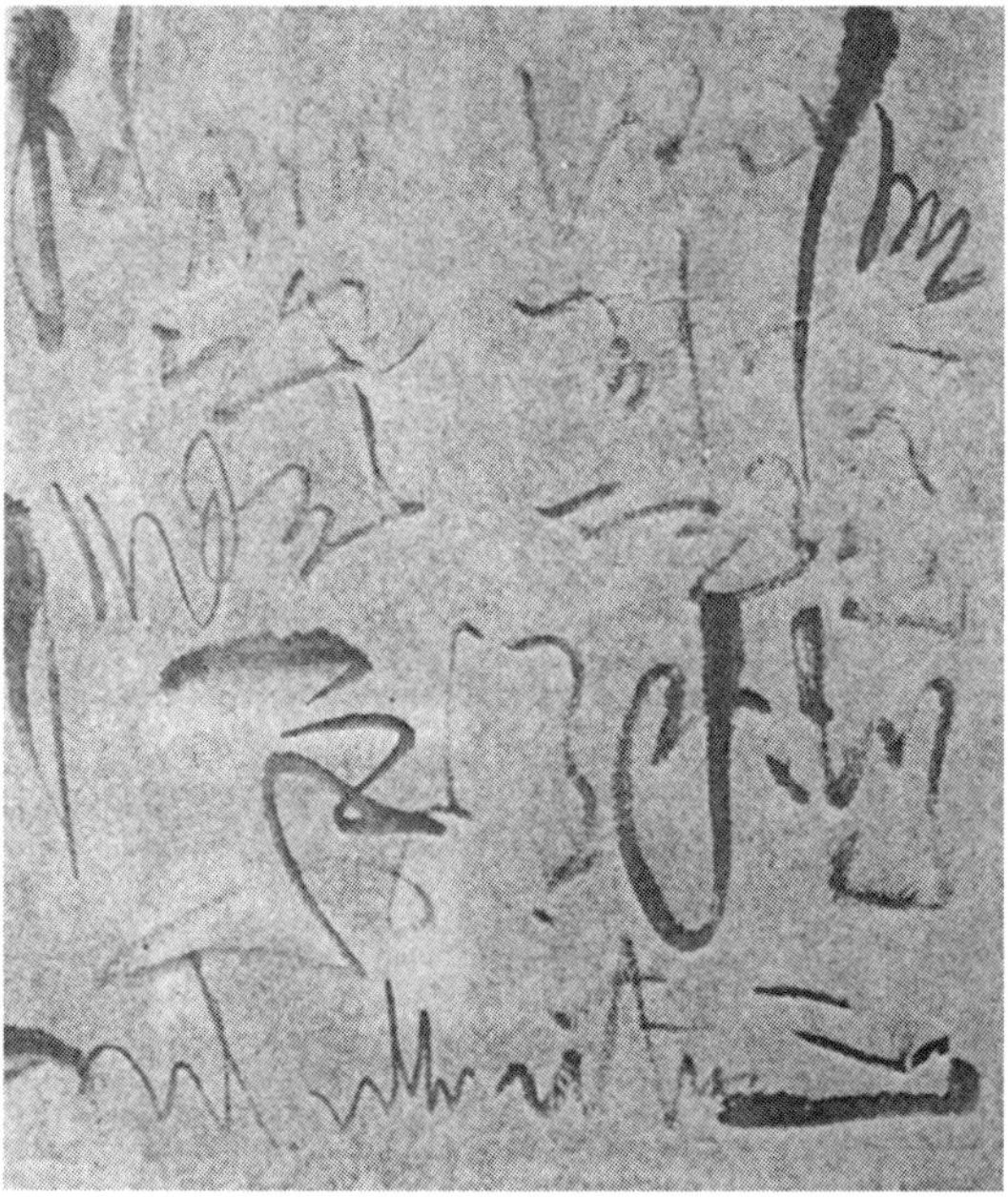

天国の政治は、歓喜の政治である。ゆえに、戒律はない。戒律の存在する所は、地獄的段階の低い影の世界であることを知らねばならない。

天国の政治は、愛の政治である。政治する政治ではない。より内奥の、より浄化されたる愛そのものからなされる。ゆえに、与える政治として現れる。

天国は、限りなき団体によって形成されている。そして、その政治は、各々の団体における最中心、最内奥の歓喜によりなされるのである。

統治するものは一人であるが、二人であり、三人として現れる。三人が元となり、その中心の一人は・によって現され、他の二人は○によって現される。○は、左右上下二つの動きの◎をなすところの立体◎からなっている。統治者の心奥の・は、更に高度にして、更に内奥に位する・中の・によって統一され、統治され、立体◎をなしている。

天国では、この・をスの神と敬称し、歓喜の根元をなしている。スの神は、アの神と現れ給《たま》い、オとウとひらき給い、続いて、エとイと動き現れ給うのである。これが総体の統治神である。三神であり、二神である。ア、オ、ウは愛であり、エ、イは真《しん》である。

これら天国の組織は、人体の組織と対応し、天国の一切の事象と運行とは、人体のそれに対応している。オ、ウなる愛は曲線であり、心臓である。エ、イなる真《しん》は直線であり、肺臓に対応して三五七と脈打ち、呼吸しているのである。

これらの統治者は、権力を奪することなく、また指令することもない。よりよく奉仕するのみである。奉仕するとは、いかにしてよりよく融和し、善と真《しん》との浄化と共に、悪と偽の調和をなし、これらのすべてを神の力として生かし、更に高度なる大歓喜に至らんかと努力することである。

また、統治者自身は、自分達を他の者より大なる者とはせず、他の善と真《しん》とを先とし、その歓喜をまず喜び、己はその中に溶け入る。ゆえにこそ、統治者は、常《つね》にその団体の中心となり、団体の歓喜となるのである。指令することは戒律を作ることであり、戒律することが神の意志に反することを、これらの統治者はよく知っている。

天国における政治の基本は以上の如くであるが、さらに、各家庭においては同一の形態を持つ政治が行われている。一家には、一家の中心たる主人、すなわち統治者がおり、前記の如き原則を体している。また、その家族達は、主人の働きを助け、主人の意を意として働く。その働くことは、彼等《かれら》にとって最大の歓喜であり、弥栄である。すなわち、歓喜の政治であり、経済であり、生活であり、信仰である。

天国における天人、霊人達は、常《つね》にその中心歓喜たる統治者を、神として礼拝する。歓喜を礼拝することは、歓喜の流入を受け、より高き歓喜に進んでゆくことである。

けれども、天国における礼拝は、地上人のそれの如き礼拝ではない。礼拝生活である。すべてと拝み合い、かつ歓喜し合うことである。与えられたる仕事を礼拝し、仕事に仕え奉《まつ》る奉仕こそ、天国の礼拝の基本である。ゆえに、各々の天人、天使の立場によって、礼拝の形式、表現は相違している。しかし、歓喜の仕事に仕え奉《まつ》ることが礼拝であるという点は、一致している。

地上人的礼拝は、形式の世界たる地上においては一つの生き方であるが、天国における礼拝は、千変万化で、無限と永遠に対するものである。無限と永遠は、常《つね》に弥栄えるがゆえに生ずるものであり、その弥栄が神の働きである。森羅万象の多種多様、限りなき変化、弥栄を見て、この無限と永遠を知り、あらゆる形において変化繁殖するを見て、無限と永遠が神の働きなることを知らねばならぬ。

天国の政治は、光の政治である。天国にも地上の如く太陽があり、その太陽より光と熱とを発しているが、天国の太陽は一つではなく二つとして現れている。一は月球の如き現れ方である。一は火の現れ、火の政治であり、一は水の現れ、水の政治である。

愛を中心とする天人は、常《つね》に神を太陽として仰ぎ、智を中心とする天使は、常《つね》に神を月として仰ぐ。月と仰ぐも、太陽と仰ぐも、各々その天人、天使の情動のいかんによるのであって、神は、常《つね》に光と熱として接し給うのである。また、それは大いなる歓喜として現れ給う。

光と熱とは、太陽そのものではない。太陽は火と現れ、月は水と現れるが、その内奥はいずれも大歓喜である。光と熱とは、そこより出《い》づる一つの現れに過ぎないことを知らねばならぬ。このことをよく理解するがゆえに、天国の政治は常《つね》に光の中にあり、また熱の中に育ち栄え、歓喜するのである。

天国の太陽よりは真《しん》と愛とが常《つね》に流れ出ているが、その真《しん》と愛とは太陽の中にあるのではなく、現れ出たものが真《しん》と見え、愛と感じられるのみである。太陽の内奥は大歓喜が存在する。ゆえに高度の天人の場合は、愛も真《しん》もなく、遥かにそれらを超越した歓喜の・が感じられるのみである。この歓喜の・が、真《しん》、善、美、愛となって、多くの天人、天使達には感じられるのである。

歓喜は、その受け入れる天人、天使、霊人、地上人達の持つ内質のいかんによって、千変万化し、また歓喜によって統一されるのであるということを知らねばならぬ。

第十八巻　光の巻　全八帖

自　昭和二十一年二月二十四日
至　昭和二十一年七月二十七日

第一帖　（三九七）

光の巻、記すぞ。

国之日津久神《くにのひつくのかみ》とは、臣民のことであるぞ。臣民と申しても、今のような臣民ではないぞ。神人《かみひと》共に弥栄《やさか》の臣民のことぞ。今の臣民も、掃除すれば国之日津《くにのひつ》久神《きのかみ》様となるのざぞ。自分卑《いや》しめるでないぞ。皆々、神々様ざぞ。

物いただく時は、拍手《かしわで》打ちていただけよ。神への感謝ばかりでないぞ。拍手《かしわで》は弥栄《いやさか》ざぞ、祓《はら》いざぞ、清めぞと申してあろが。清め清めて、祓《はら》いてからいただくのざぞ。分かりたか。

次の五の巻の謄写《とうしゃ》は、四十九《しじゅうく》でよいぞ。十《とお》は神良きに使うぞ。前のも、十《とお》は良きに使うたぞ。分かりたか。皆に分けるぞよ。

次は十二の巻の中から、良きに抜きて謄写《とうしゃ》よいぞ。サイトウ、ヒノ、マスナガ、カザマ、ハヤシ、サイ、カネシゲに筆取らせよ。合わせて四十九《しじゅうく》の九《く》の身《み》魂《たま》。

二月二十四日《か》

日津久神《ひつくのかみ》

第二帖　（三九八）

天之日津久大神様《あめのひつくのおおかみさま》は別として、雨の神様、風の神様、岩の神様、荒れの神様、地震の神様、釈迦《しゃか》、キリスト、マホメットの神様、百々《もも》の神様、皆同じ所に御《ご》神体集めて、祭りてくだされよ。天《あめ》の奥山、地《くに》の奥山、皆同じぞ。お土、皆に分け取らせよ。

二月二十六日《にち》朝記すぞ

日津久神《ひつくのかみ》

第三帖　（三九九）

今の政治は貪《むさぶ》る政治ぞ。神のやり方は与え放しざぞ。◉ぞ。まことぞ。今のやり方では世は治まらんぞ。道理ぢゃなあ。

天《てん》には、いくらでも与えるものあるぞ。地《ち》には、いくらでも、どうにでもなる、人民に与えるものあるのざぞ。惜しみなく、隈《くま》なく与えて取らせよ。与えると弥栄《いやさか》えるぞ。弥栄《いやさか》になって元に戻るのざ。国は富んでくるぞ。神徳満ち満つのぢゃ。この道理分かるであろがな。取り上げたもの、何にもならんのぢゃ。捧げられたものだけがまことぢゃ。

乗る物もタダにせよ。田からも家《いえ》からも税金取るでないぞ。年貢《ねんぐ》取り立てるでないぞ。何もかもタダぢゃ。日の光見よと申してあろが。金《きん》は要らんと申してあろが。暮らし向きの物もタダで取らせよ。タダで与える方法あるでないか。

働かん者食うべからずと申すこと、理屈ぢゃ。理屈は悪ぢゃ、悪魔ぢゃ。働かん者にもドシドシ与えて取らせよ。与える方法あるでないか。働かんでも食べさせてやれよ。何もかも与え放しぢゃ。そこに神の政治始まるのぢゃぞ。神の経済あるのぢゃ。

やってみなされ。人民の算盤《そろばん》では木《き》の葉一枚でも割り出せないであろが。この方《ほう》の申すようにやってみなされ。お上《かみ》は幸《さち》で埋もれるのぢゃ。余るほど与えてみなされ。お上《かみ》も余るのぢゃ。この道理分かりたか。仕事させてくれと申して、人民喜んで働くぞ。遊ぶ者なくなるのぞ。皆々神の子ぢゃ。神の魂《たましい》植えつけてあるのぢゃ。長い目で見てやれ。惜しみなく与えるうちに、人民、元の姿現れるぞ。貪ると悪になってくるのぢゃ。

今のさま見て、改心結構ぞ。算盤捨てよ。人民、神と崇《あが》めよ。神となるぞ。泥棒と見る気が、泥棒作るのぢゃ。元の元のキの臣民、国之日津久神《くにのひつくのかみ》ぢゃと申してあろがな。

六月十七日《にち》　辛酉《かのととり》の日

日津久神《ひつくのかみ》

第四帖　（四〇〇）

祭りてない時は、お日様とお月様拝《おろが》めよ。的《まと》とせよ。

白洲《しらす》（補訂者注：奉行所《ぶぎょうしょ》の法廷）要らんぞ。牢屋《ろうや》要らんぞ。法律要らんぞ。一家仲良うしたら要らんのぢゃ。国も同様ざぞ。そんなことすれば、世の中メチャメチャぢゃと申すであろうが。悪人が得すると申すであろうが。誰も働かんと申すであろうが。与える政治だめぢゃと申すであろ。人間の小知恵ぢゃ。そこに人間の算盤《そろばん》の狂うたところ気づかんか。

上《うえ》に立つ人、もっともっと大き心結構ぞ。算盤なしで舵取らすぞ。神の申すとおりに進むのぢゃ。これができねば、一段下がって頭下げてござれ。あまり大き取り違いばかりぢゃぞ。悪の守護となっているからぢゃ。ここの道理分かるまでは、動き取れんのぢゃぞ。

世界、国々所々に世の大洗濯《おおせんたく》知らす神柱《かみばしら》現してあろうが。これは皆この方《ほう》の仕組ぢゃから、皆仲良う手引き合ってやってくれよ。

六月十七日《にち》　辛酉《かのととり》

日津久神《ひつくのかみ》

第五帖　（四〇一）

病神《やまいがみ》がそこら一面にはびこって、隙《すき》さえあれば人民の肉体に飛び込んでしまう計画であるから、よほど気つけておりてくだされよ。

大臣《おとど》は火と水と二人でよいぞ。ヤとワと申してあろが。ヤ、ワは、火の中の水、水の中の火であるぞ。あとはその手伝いぞ。手足ざぞ。役人自《おのずか》らできるぞ。役は役であるぞ。

今までは神国《かみぐに》と外国と分かれていたが、いよいよ一つに交《ま》ぜ交ぜにいたして、クルクル掻《か》き回して練り直して、世界一つにして自ら上下《うえした》できて、一つの王で治めるのぢゃぞ。

人民はお土でこねて、神の息入れて創ったものであるから、もう、どうにも人間の力ではできんようになったら、お土に呼びかけよ。お土にまつろえよ。お土は親であるから、親の懐《ふところ》に帰りてこいよ。嬉し嬉しの元のキ甦《よみがえ》るぞ。百姓から出直せよ。

弥勒《みろく》様とは、まことの天照皇大神《あまてらすすめらおおかみ》様のことでござるぞ。

六月十七日《にち》

日津久神《ひつくのかみ》

第六帖　（四〇二）

今に世界の臣民人民、誰にも分からんようになりて、上げも下ろしもならんことになりてきて、これは人民の頭や力でやっているのでないのざということ、はっきりしてくるのざぞ。どこの国、どんな人民も、なるほどなあと得心のゆくまで揺すぶるのであるぞ。

今度は根本の天《てん》の御《ご》先祖様の御霊統《ごれいとう》と、根本のお地《つち》の御《ご》先祖様の御霊統《ごれいとう》とが一つになりなされて、皇神《すめらがみ》と十✳✺☉（ユダヤ神《がみ》）と一つになりなされて、末代動かん光の世と、影ない光の世といたすのぢゃ。今の臣民には見当取れん光の世とするのぢゃ。光りて輝く御世《み》ぞ、楽しけれ、楽しけれ。

悪い者殺してしもうて、善い者ばかりにすれば、良き世が来るとでも思うているのか。肉体いくら殺しても、魂《たま》までは、人民の力ではどうにもならんであろがな。元の魂《たま》まで改心させねば、今度の岩戸開《ひら》けんのぢゃぞ。元の魂《たま》に改心させず、肉体ばかりで、目に見える世界ばかり理屈で良くしようとて、できはせんぞ。それくらい分かっておろが。分かりていながら、ほかに道ないと、仕方ないと手つけずにいるが、悪に魅入《みい》られているのぢゃぞ。悪は改心早いぞ。悪神《あくがみ》も助けなならんぞ。魂《たま》から改心させなならんぞ。善も悪も一つぢゃ、魂《たま》も身も一つぢゃ、天地《あめつち》ぢゃと、くどう知らしてあろが。どんな良いこと喜ばして知らしても、聞かせても、今の臣民人民なかなか言うこときかんものぢゃぞ。

この道に縁《ゆかり》ある者だけで型出せよ。型でよいのぢゃぞ。

天明《てんめい》は筆書かす御《おん》役ぢゃぞ。

六月三十日《にち》　日《ひ》津《つ》久《くの》神《かみ》

第七帖（四〇三）

アは元のキの神の子ぞ。ヤとワは渡りてきた神の子ぞ。㋳、㋻は渡りてくる神の子ざぞ。十の流れ、十二の流れと、今に分かる時来るぞ。三つ巴《どもえ》現れるぞ。メリカ、キリスも、オロシヤも世界一つに丸めて、一つの王で治めるのぢゃぞ。外国人も神の目からはないのざぞ。

今一度、戦あるぞ。早う目覚めて、毛嫌いいたさず、仲良う御用結構ぞ。龍宮の乙姫殿、岩の神殿、荒れの神殿、世界の片端からいよいよに取り掛かりなされているのざから、世界の出来事、気つけて、早う改心結構ぞ。

☉《す》と二《ふ》と四《よ》との大き戦あると知らしてありたが、一旦は二《ふ》と四《よ》の天下になるところまで落ち込むぞ。ゆくところまでゆきて、ナの身魂とノの身魂の和合一致できてから、☉《す》の身魂が天下統一、世界一平《いったいら》となるのぢゃぞ。いよいよ大峠取り上げに掛かるのざぞ。

七月十九日《にち》

日津久神《ひつくのかみ》

第八帖　（四〇四）

何によらず不足ありたら、神の前に来て不足申して、心カラリと晴らされよ。どんなことでも聞くだけは聞いてやるぞ。不足あると曇り出るぞ。曇り出ると、身魂曇るから、身魂苦しくなりて天地《てんち》曇るから、遠慮要らん、この方《ほう》に不足申せよ。この方《ほう》親であるから、不足、一応は聞いてやるぞ。気晴らしてカラリとなって天地《てんち》に働けよ。心の富士晴れるぞ。初めの岩戸開《ひら》けるぞ。早飲み込み大怪我の元。じっくりと繰り返し、繰り返し、筆《ふで》読めよ。筆、腹の腹に入れよ。筆が元ざぞ。

今度は昔からの苦労の塊、生き魂《だま》でないと御用難しいぞ。世のたとえ出てくるぞ。神が人の口使うて言わせてあるのぢゃぞ。神国《かみぐに》は神力《しんりき》受けねば立ちてはゆけんぞ。神なくして神力《しんりき》ないぞ。神なくなれば丸潰《つぶ》れざぞ。

回りに動く円居《まどい》、早う作れよ。

数で決めようとするから、数に引かれて悪となるのざ。数に引かれ困らんように気つけよ。

この筆解くのは、玉《たま》でないと、少しでも曇りあったら解けんぞ。悪に見せて、善行わなならんことあるぞ。この行なかなかざぞ。

この世の鬼、平《たい》げるぞよ。鬼なき世となりけるのざぞ。分かりたか。

キリストの取り次ぎさん、仏《ぶつ》の取り次ぎさん、今のうちに改心結構ぞ。丸潰れ近づいてござるに気づかんのか。

同じ名の神二つあるぞ。人民三つ四つにも拝《おろが》んでござるぞ。

踏み出すもよいなれど、筆読むのが先ざぞ。神第一ざぞと申してあろが。しばし待て。世界の踏み出す時来るぞ。泡のような今の踏み、何もならんぞ。時待てと申してあろがな。この巻から謄写《とうしゃ》もならんぞ。時来るまで写して、皆に分け取らせよ。

七月二十七日《にち》

日津久神《ひつくのかみ》

三年の立て替えぞ。

第十九巻　祭りの巻　全二十三帖

自　昭和二十一年八月　八日
至　昭和二十一年八月三十一日

第一帖　（四〇五）

五つに咲いた桜花、五つに咲いた梅の花、どちら取る気ぢゃ。今までの教えではこの道分からんぞ。

ますます食う物なく、曇りてくるぞ。その国、その所々で当分暮らし向きできるぞ。野見よ、森見よと申してあろ。青山も泣き枯る時来ると申してあろ。海、川も泣き枯る時来るぞ。まだ気づかず、我《われ》さえよけらよいと我《われ》よししてござる人民神々様、気の毒来るぞ。

今までは神も仏《ほとけ》も同じぞと申していたが、神と仏《ほとけ》とは違うのざぞ。十《かみ》の動くが卍《ほとけ》ぞ。卍の動くが◎《かみ》ぞ。◎の澄みきりが☉《おおかみ》ぞ。神と仏《ほとけ》と臣民とは違うのぢゃぞ。

八月八日《か》

日《ひ》津《つ》久《くの》神《かみ》

第二帖　（四〇六）

これまではいろはでありたが、いよいよ一二三《ひふみ》の力加わるぞ。いろはは易しいが、一二三は荒いから、荒事《あらごと》もするから、その覚悟いたされよ。その覚悟よいか。

汚い心捨てていると、小さい心大きくなりて、自分でもびっくりするよう結構が来るぞ。

警察要らんと申してあるぞ。

八月九日《か》

日津久神《ひつくのかみ》

第三帖　（四〇七）

旧九月八日《か》からの誓《ちか》いの言葉知らすぞ。

御《ご》三体の大神様　御《ご》三体の大神様　天之日津久大神《あめのひつくのおおかみ》様　雨の神様　風の神様
岩の神様　荒れの神様　地震の神様　国之《くにの》日津久大神様　世の元からの生き神様　百々《もも》の神様の大前《おおまえ》に　日々《にちにち》弥栄《やさか》の大息吹《おおいぶき》　御《ご》守護　弥栄《やさか》に御《おん》礼申し上げます　この度の三千世界の御神業《ごしんぎょう》　弥《いや》が上《うえ》にも千万《ちよろず》弥栄《いやさか》の御《おん》働き祈り上げます
三千世界の神々様　臣民人民　一時《ひととき》も早く改心いたし　大神様の御《み》心に添い奉《たてまつ》り　国之日津久神《くにのひつくのかみ》と成り成りて　全き務め果たしまするよう　何とぞ　御《ご》守護願い上げます　そがため　この身この霊《たま》は　いかようにでもお使いくださいませ　何とぞ　三千世界の神々様　臣民人民が知らず知らずに犯しました罪穢《けが》れ過ちは　神直毘《かんなおび》　大直毘《おおなおび》に見直し聞き直しくださいますよう　特にお願い申し上げます
元つ神　えみため　えみため

八月十日《か》

日津久神《ひつくのかみ》

第四帖　（四〇八）

世拵《こしらえ》えてから、臣民の種《たね》植えて、臣民創ったのであるぞ。世拵えた神々様は、長物《ながもの》の御《おん》姿ぞ。今に生き通しぞ。

神が見て、これならという身魂《みたま》に磨けたら、神から直々の守護神つけて、天晴《あっぱ》れにしてやるから、御用見事に仕上げさすぞ。臣民ばかりではできん、三千世界の大洗濯《おおせんたく》。誰一人落としとうもない神心《かみごころ》。皆揃《そろ》うてお蔭《かげ》やりたや、喜ぶ顔見たや。遠い近いの区別なし。皆々我《わ》が子ぢゃ、かわいい子ぢゃ。早う親の心、汲み取れよ。

八月十一日《ち》

日津久神《ひつくのかみ》

第五帖　（四〇九）

肉体まず苦しめたら、今度その守護神には、それだけの見せしめせなならんことになっているのざぞ。神懸《かみがか》りでまだ世界のこと何でも分かると思うている人民、気の毒できるぞ。八百八光《やこう》の金神殿《こんじん》、いよいよに掛かりなされたぞ。出雲の大神様、この世構いなさる大神様なり。その所得《ところ》ないもの、人民ばかりでないぞ。三千世界の迷う身魂に所《ところ》得さして、嬉し嬉しに祭りてやれよ。言《こと》で慰《なぐさ》め、弥栄《やさか》えしめよ。言《こと》祭りて神の列《つら》に入《い》れしめよ。その国々ぞ。頭々《あたまあたま》で、祭り結構ぞ。祭りくれよ。

邪祓《じゃはら》うとは、邪なくすることではないぞ。邪を正しく導くことざぞ。追い払うでないぞ。まつろえよ。引き寄せて抱き参らせよ。取り違いならん、大切ごとぞ。

八月十二日《ち》　日津久神《ひつくのかみ》

第六帖　（四一〇）

取られたり取り返したりこね回し終わりは神の手に蘇《よみがえ》る

世の元の真清水《ましみず》湧きに湧く所やがて奥山移さなならんぞ

筆分かる臣民二三分《にさんぶ》できたなら神いよいよの止《とど》め刺すなり

三界を貫く道ぞまことなりまことの道は一つなりけり

神界のまこと隠れし今までの道はまことの道でないぞや

鬼大蛇《おにおろち》草木動物虫けらも一つにえらぐ道ぞまことぞ

八月十三日《ち》　日津久神《ひつくのかみ》

第七帖（四一一）

金《かね》要らんことになると申してあろが。世界の人民、皆青くなって、どうしたらよいかと、どこ訪ねても分からんこと近づいたぞ。早うこの筆読ましてくれよ。神の心が九分《くぶ》通り臣民に分かりたら、神の政治分かるのぢゃ。与える政治、いくらでもあるぞ。一《ひと》通りと思うなよ。時と所によっていくらでもあるのぢゃ。詰まることない、神のまつりごとぢゃ。人民の政治、神国《かみぐに》には用いられんのぢゃ。三千世界天晴《あっぱ》れの政治、早う心得て、祭りくれよ。

悪神《あくがみ》の眷族《けんぞく》はまだよいのぢゃ。箸《はし》にも棒にも掛からん、話の分からん動物霊に化かされて、玩具《おもちゃ》にされていて、まだ気づかんのか。神はいつまでも待たれんから、こんな身魂は一《ひと》所に集めて灰にするよりほかないから、心得ておりてくだされよ。
八月十四日《か》　日津久神《ひつくのかみ》

第八帖　（四一二）

旧九月八日《か》で一切《ひと》りぢゃ。これで初めの御用は済みたぞ。八分《はちぶ》通りは落第ぢゃぞ。次の御用改めていたさすから、今度は落第せんよう心得なされよ。何もかも神は見通しざぞ。神の仕組、人民で遅れんよう気つけて、結構いたしくだされよ。

次の仕組、御用は円居《まどい》作りてよいぞ。元はそのままにしておかなならんぞ。天明《てんめい》、まだまだ筆の御用結構ぞ。阿呆《あほう》、結構ぞ。利口出ると壊れるぞ。天明ばかりでないぞ。皆同様ぞ。皆利口になったものぢゃなあ。くどう神にもの申さすでないぞ。

八月十五日《ち》

日津《ひつ》久神《くのかみ》

第九帖　（四一三）

上《かみ》は上《かみ》、中《なか》は中《なか》、下《しも》は下《しも》の道と定まっているのぢゃ。まぜこぜならん。ちゃんと礼儀作法正しくいたさな、神の光出ないぞ。世に落ちていた鏡、世に出るぞ。

八月十六日《にち》

日津《ひつ》久神《くのかみ》

第十帖　（四一四）

日本の人民の身魂が、九分《くぶ》九分《くぶ》九厘《くりん》まで悪になりているから、外国を日本の地《ち》にいたさねばならんから、日本の地《ち》には置かれんから、どんなことあっても神はもう知らんぞよ。

八月十六日《にち》

日津久神《ひつくのかみ》

第十一帖 (四一五)

村々に一粒二粒ずつ、因縁身魂、落としてあるぞ。芽生えてくるぞ。日々《にちにち》、天地《てんち》に臣民お詫び結構ぞ。土拝《おろが》めよ。神国《かみぐに》の臣民は神国《かみぐに》の行、霊《れい》の国は霊《れい》の国の行。

八月十六日《にち》

日津久神《ひつくのかみ》

第十二帖　（四一六）

肉体あるうちに身魂構うてもらわねば、今度身魂磨けてきたら末代のこと、末代結構ざから、それだけに大層ざから、お互いに手引き合って、磨き合って御用結構ぞ。分け隔てならんぞ。分からん者はチョンにいたすぞ。

元のキのことは、元のキの血筋でないと分からんのぢゃ。分かる者は分からならんぞ。分からん者は分からんのがよいのぢゃぞ。

何事も人民に分かりかけいたさな、物事遅れるぞ。十年遅れると申してあるが、遅れるとますます苦しくなるから、遅れんよう結構したいなれど、大層な肝心要《かんじんかなめ》は神々様にも申されんことであるが、言わぬうちに分かってもらわねば、知らしてからでは十人並ぢゃ。それまでは神の元のことは申されんぞ。元の身魂に輝くぞ。

八月十七日《にち》　　　日津久神《ひつくのかみ》

第十三帖　（四一七）

地《くに》の火水《ひみつ》（秘密）、国之日津久大神《くにのひつくのおおかみ》、黒住殿《くろずみ》、天理殿《てんり》、金光殿《こんこう》、大本殿《おおもと》、祭りくれよ。併《あわ》せて七神《ななかみ》、山に祭り結構いたしくれよ。

八月十八日《にち》

日津久神《ひつくのかみ》

第十四帖　（四一八）

旧九月八日から《か》、祭り、礼拝、すっくり変えさすぞ。神世までにはまだまだ変わるのぢゃぞ。祓《はら》いは、祓《はら》い清めの神々様にお願いして、北、東、南、西の順に拍手《かしわで》四つずつ打ちて祓《はら》いくだされよ。

神国《かみぐに》の乱れ、声、キから。世界の戦、天災、皆人民の心からなり。人民一人に一柱ずつの守護神つけあるぞ。日本真中、ボタン一つで世界動くぞ。
八月十九日《にち》
日津久神《ひつくのかみ》

第十五帖（四一九）

旧九月八日《か》からの当分の礼拝の仕方、書き知らすぞ。

大神様には、まず神前に向かって静座《せいざ》し、しばし目瞑《つむ》り、キ鎮め、一揖《ゆう》、一拝、二拝、八拍手《はくしゅ》、数歌三回、終わりて一二三《ひふみ》、三回宣《の》り上げ、天之日津久大《あめのひつくのおお》神《かみ》様、弥栄《やさか》ましませ、弥栄《いやさか》ましませ、国之日津久大神《くにのひつくのおおかみ》様、弥栄《やさか》ましませ、弥栄《いやさか》ましませと宣り上げ、終わって誓《ちか》いの言葉、誓《ちか》えよ。終わりて神のキいただけよ。三回でよいぞ。終わりて八拍手《はくしゅ》、一拝、二拝、一揖《ゆう》せよ。

次に、神々様には一揖《ゆう》、二拝、四拍手《よはくしゅ》、数歌三回宣りて、百々《もも》諸々の神々様、弥栄《やさか》ましませ、弥栄《いやさか》ましませと宣り上げ、終わりて誓《ちか》いの言葉、誓《ちか》えよ。終わりて四拍手《よはくしゅ》、二拝、一揖《ゆう》せよ。

霊《たま》の宮には、一揖《ゆう》、一拝、二拍手《はくしゅ》、数歌一回、弥栄《やさか》ましませ、弥栄《いやさか》ましませと宣り、二拍手《はくしゅ》、一拝、一揖《ゆう》せよ。

各《おの》も各もの御霊《みたま》様には、あとで御霊祝詞《みたまのりと》するもよいぞ。

八月二十日《か》
日津久神《ひつくのかみ》

第十六帖　（四二〇）

日本の人民良くならねば、世界の人民良くならんぞ。日本の上《うえ》の人良くならねば、日本人良くならんぞ。

祈る土地早う作れよ。専一《せんいつ》、平和祈らなならんぞ。そのくらい分かりておろが。今ぢゃ口ばかりぢゃ。口ばかり何もならんぞ。まこと祈らなならんぞ。真中の国、真中に跪《ひざまず》いて、祈りごとされよ。

今度のお蔭《かげ》は、筆よく読まねば見当取れんのざぞ。神は、その人民の心どおりに映るのであるから、因縁深い者でも御用できんこともあるから、よほどしっかりいたしておりてくだされよ。

八月二十日《か》　　日津久神《ひつくのかみ》

第十七帖（四二一）

円居《まどい》のアは筆ぢゃ。ヤとワとは左と右《みぎり》ぢゃ。教左《きょうさ》と教右《きょうう》ぢゃ。㋳と㋻はその助けぢゃ。教左補《きょうさほ》、教右補《きょううほ》ぢゃ。ヤの助けは㋻ぢゃ。ワの助けは㋳ぢゃ。アヤワ㋳㋻が元ぢゃ。その下《した》に七人と七人ぢゃ。正と副ぢゃ。その下《した》に四十九人ぢゃ。分かりたか。円居、弥栄弥栄《いやさかいやさか》。

イシイ、ショウダ、カサイ、タケウチ、御《ご》苦労ぞ。イシカミ、イシモト、イトウ、カジワラ、カンベ、ミエダ、ツヅキ、御《ご》苦労。オダ、カドタ、カワムラ、タカタ、サトウ、カツ、カトク、ササキ、御《ご》苦労。アラキ、オオツマ、イソベ、マスナガ、ニカ、ハヤシ、アサカワ、スドウ、カキザキ、キムラ、コマツバラ、アイダ、カイ、ナカジマ、イノ、カネシゲ、カザマ、カワダ、サイトウ、サイ、タカギ、ヤノ、ニシザワ、オガワ、カシマ、ハギワラ、イシイ奥、ショウダ奥、オダ奥、天明《てんめい》奥、かねて併せて四十九《しじゅうく》、九《く》の柱ぞ。

残る筆、天明良きにせよ。皆、御《ご》苦労ながら次の御用、手引き合って、天晴《あっぱ》れやりてくだされよ。円居作ってよいぞ。強く踏み出せよ。くどいようなれど、元はそのままぢゃぞ。今度の御用は一つの分かれの御用ぢゃぞ。筆よく読むのぢゃぞ。身魂の性来《しょうらい》、段々分かりてくるぞ。万民身魂祭りの御用から掛かりてくれよ。映し世のそれの御用、結構開《ひら》け輝くぞ。

八月二十八日《にち》

日津久神《ひつくのかみ》

第十八帖　（四二二）

どの身魂も我《が》の強い身魂ばかり、よくも集まったものぢゃと思うであろうが。その我《が》の強い者が、お互いに我《が》を折りて、溶け合って物事成就するのぢゃぞ。

旧九月八日《か》までに、すっくりと祭り変えてくれよ。

真中に御《ご》三体の大神様、御《ご》三体の大神様、天之日津久大神《あめのひつくのおおかみ》様、国之日津久大神《くにのひつくのおおかみ》様、雨の神様、風の神様、岩の神様、荒れの神様、地震の神様、弥栄《いやさか》祭り結構ぞ。その左に万霊《よろずたま》の神様、世の元からの生き神様、百々《もも》の神様、産土《うぶすな》様、良きに祭り、結構いたし祭り始めくれよ。その右《みぎ》に国之日津久神《くにのひつくのおおかみ》様、霊《たま》の諸々の神様、篤《あつ》く祭り結構ぞ。

八月二十九日《にち》

日津久神《ひつくのかみ》

第十九帖　（四二三）

龍宮の乙姫様が神力天晴《しんりきあっぱ》れぞ。金神殿《こんじん》お手伝い。外国では日の出の神様。神界、幽界、現界、見定めて筆読まねば、表面《うわつら》ばかりでは何もならんのざぞ。気つけて結構ぞ。神がもの申すうちに聞くものぢゃ。帳面切ったら申さんぞ。悪と学は長うは続かんこと、そろそろ分かりてくるぞ。

八月二十九日《にち》

日津久神《ひつくのかみ》

第二十帖　（四二四）

神々様の大前《おおまえ》に申し上げます　この度の岩戸開《びら》きの御神業《ごしんぎょう》に　なお一層の御《ご》活動願い上げます　大神様の大御心《おおみこころ》と御心《みこころ》合わせなされ　いと高き神の働き願い上げます　世界の民等《たみら》が日々《にちにち》犯しました罪穢《けが》れ過ちは　何とぞ　神直毘《かんなおび》　大直《おおなお》

毘《び》に見直し聞き直しくださいまして　この上《うえ》ながらの御《ご》守護願い上げます

これは神々様への誓《ちか》いであるぞ。

八月二十九日《にち》

日《ひ》津《つ》久神《くのかみ》

第二十一帖　（四二五）

立て替えが十年延びたと知らしてあろが。立て替え遅くなりて、それから立て直しに掛かりたのでは人民丸潰《つぶ》れとなるから、立て直し早う掛かるからと聞かしてあろが。人民にはなかなか分からんなれど、世界の動きよく見て御用結構ぞ。

世の立て替えは水の守護、火の守護と知らしてあること忘れずに、筆読めよ。所々の氏神《うじがみ》様は、日本の内で御用なさるのぢゃ。

どんな円居《まどい》も筆が元ぢゃ。筆で開《ひら》かなならんぞ。知や学も要るなれど、知や学では開《ひら》けんぞ。まことで開《ひら》いてくだされよ。

八月三十日《にち》

日《ひ》津《つ》久神《くのかみ》

第二十二帖　（四二六）

八岐大蛇《やまたのおろち》を始め、悪の神々様祭りくれよ。心して結構に祭り始めくだされよ。このこと、役員のみ心得よ。岩戸開《ひら》く一つの鍵ざぞ。

この巻、祭りの巻。

八月三十日《にち》

日《ひ》津《つ》久神《くのかみ》

第二十三帖　（四二七）

悪が善に立ち返りて弥栄《いやさか》なるように、取り違えなきよう祭りくれよ。御用、大切ぞ。

八月三十一日《にち》

日津久神《ひつくのかみ》

第二十巻　梅の巻　全二十八帖

自　昭和二十一年九月二十八日
至　昭和二十一年十二月十四日

第一帖　（四二八）

今度の立て替えは、敵《てき》と手握らねばならんのぢゃ。敵役《かたき》の神々様、人民よ、早う訪ねてござれよ。この方《ほう》、待ちに待っているぞ。引っ張ったのでは、心からでないと、役に立たんのぢゃぞ。

この筆《ふで》、十三の巻からは、腹の中の奥まで見抜かんでは、見届けんでは、見せてくださるなよ。今にいろいろと身魂《みたま》集まってくるから、十二の巻も申しつけてあるように、ちゃんとしておいてくだされよ。

御剣《みつるぎ》の大神、黄金《こがね》の大神、白銀《しろがね》の大神と称え奉《まつ》り、結構結構ぞ。結構いたし祭りくれよ。大蛇《おろち》、九尾《きゅうび》、邪鬼の三大将殿の御《おん》力祭りて、弥栄《いやさか》よく良きに動くぞ。開《ひら》け輝くぞ。光の御《み》世となるぞ。

九月二十八日《にち》

日津久神《ひつくのかみ》

第二帖（四二九）

替え身魂、いくらでも創りあるぞ。心して取り違いせんように、神の心早う汲み取れよ。この方《ほう》の仕組、人民には分からんから、どうなることかと役員も心配なさるなれど、仕上げ流々《りゅうりゅう》、見てくだされ。滅多《めった》に間違いないのぢゃぞよ。うまい口に乗るでないぞ。うまい口を今に持ってくるが、うまい口にはまことないから、この方《ほう》、三千世界のお道は、まことよりないと申してあろが。まこと（〇九十《まこと》）のまこと（〇九十）は、筆読まねば分からんのぢゃぞ。

ヒツクの民の家《うち》には、御《ご》神名か御《ご》神石か御《ご》神体として、代表の大神様として、天之日津久大神《あめのひつくのおおかみ》様、国之日津久大神《くにのひつくのおおかみ》様と称え、斎《いつき》祭り結構いたしくれよ。一の宮、二の宮などの祭り、天明《てんめい》に知らしてあるぞ。道院《どういん》殿、老祖《ろうそ》様は、中の宮に、他《た》は道院《どういん》の神々様として、次の宮に結構祭りてよいぞ。いずれも弥栄《やさか》、弥栄《いやさか》ぞ。

九月二十八日《にち》

日津久神《ひつくのかみ》

第三帖　（四三〇）

皆の者、御《ご》苦労ぞ。世界の民の会、作れよ。人民、拝《おが》み合うのざぞ。皆にまつろえと申してあろがな。円居《まどい》、作れ作れ。皆拝《おろが》み合うのざぞ。円居の印は⊙ぞ。拝《おろが》み合うだけの円居でよいぞ。理屈悪ざぞ。こんなこと、言わんでも分かっておろが。筆、読めよ読めよ。

十月八日《か》

日《ひ》津《つ》久神《くのかみ》記す

第四帖　（四三一）

この筆、食い物にしようとして出てくる者、段々にあるなれど、皆あて外れてしまうぞ。あて外れて、神の目的成るぞ。役員殿、不調法《ぶちょうほう》ないように気つけてくれよ。祭り結構。

神が預けてあるものは、預かった人民、良きに取り計らえよ。大き小さいの区別ないぞ。塵《ちり》一本でも神のものざと申してあろが。塵一本動かすに、いちいち神の心聞いてやっていると は言わさんぞ。預けるには、預けるだけの因縁あるのざぞ。預かった人民、良きにせよ。

奥山、どこに移ってもよいと申してあろがな。神の道、弥栄《いやさか》。

十月十三日　日津久神《ひつくのかみ》

第五帖（四三二）

邇邇芸命《ににぎのみこと》、お出ましぞ。ニニギとは富士（二二《ふじ》）のキの御役《おん》であるぞ。神懸《かみがか》りで世界中のこと何でも分かるように思うていると、とんでもないことになるぞ。このままにして放っておくと、戦済んだでもなく、止《とど》めも刺せん、世界中の大難となるから、早う改心結構ぞ。悪の上《うえ》の守護神、中《なか》の守護神、下《しも》の守護神の改心できん者は、いくらかあいい子ぢゃとて容赦はできんぞ。いよいよ天《てん》の大神様の御《ご》命令どおりに、神々様総掛かりぞ。

十一月十六日《にち》

日津久神《ひつくのかみ》

第六帖（四三二）

雨の神、風の神、岩の神、荒れの神、地震の神、百々八百万《ももやおよろず》の神々様、御《ご》活動激しくなったぞ。人民、目開《あ》けておれんことになるぞ。できるだけ穏やかにいたしたいなれど。分かりた臣民、日々《にちにち》お詫《わ》び、お祈り結構いたしくれよ。大峠となりてからでは、いくら改心いたしますと申しても、許してくれと申しても、許すことはできんから、日本には日本の守護の神、支那《しな》には支那、外国には外国の、それぞれの守護の神あること忘れるなよ。神々様、持ち場持ち場、清めてくれよ。お役結構ぞ。

十一月十六日《にち》

日《ひ》津《つ》久神《くのかみ》

第七帖　（四三四）

四十七と四十八で世新しくいたすぞ。三人使うて、三人世の元といたすぞ。三人を掘り出すぞ。世に落ちてます神々様、人民様を、世にお上げせんならんぞ。悪神《あくがみ》の国から始まって、世界の大戦《おおいくさ》いよいよ激しくなってくるぞ。何事も清めくれよ。清めるとは、まつろうことぞ。

十一月十六日《にち》

日《ひ》津《つ》久神《くのかみ》

第八帖　（四三五）

口と心と行いと三つ揃《そろ》うたら、今度は、次に・入れてくだされよ。・は神ぢゃ。筆ぢゃ。筆、元ぢゃと申してあろが。三つ揃うても、肝心の筆腹に入っておらんと、何にもならんことになるぞ。九分九分九厘《くぶくぶくりん》となっていることも分かるであろが。

御用勇んで仕え奉《まつ》れよ。目覚めたら、その日の命《いのち》いただいたのぢゃと申してあろ。新しき命《いのち》、弥栄《いやさか》に生《あ》れるのぢゃ。今日一日《きょうひとひ》、神に仕え奉《まつ》れよ。与えられた仕事、御用ざぞ。命《いのち》ざぞ。取り違いいたすでないぞ。

七月になると上《うえ》の人民、番頭殿、顔の色悪うなってくるぞ。八、九月となれば、いよいよ変わってくるぞ。秋の紅葉《もみじ》の色変わるぞ。

いくら因縁ありても、身魂曇っていると今度は気の毒できるから、今度引き寄せられた人民ぢゃとて、役員ぢゃというて、ちっとも気許しできん。

澄んだ言霊《ことだま》で筆読み上げてくれよ。三千世界に聞かすのぢゃ。そんなことで世が良くなるかと人民申すであろなれど、神の申すとおり、分からいでも神の申すとおりにやってくだされよ。三千世界に響き渡って、神々様も臣民人民様も、心の中から改心するようになるのざぞ。世が迫りていることは、どの神々様にも、人民にもよく分かっていて、まこと求めてござるのぢゃ。まこと知らしてやれよ。

何もかも一度に出てくるぞ。日増しに激しくなってくるぞ。どうすることもできんように、悪神《あくがみ》、悪の人民、手も足も出せんことに、何から何まで、何が何だか分からんことに折り重なってくるぞ。キリキリ舞いせんならんことになってくるぞ。キリキリ舞いにも、良きと悪しきとあるぞ。良きは結構ぢゃなあ。なかなかぢゃ。

十一月十六日《にち》

日津久神《ひつくのかみ》

第九帖　（四三六）

肉体がこの世では大切であるから、肉体を傷つけたら、苦しめたら、その守護神はそれだけの巡《めぐ》り負うのざぞ。霊《れい》、霊《れい》と申して、肉体苦しめてはならんのぞ。

今の人民、取っておきのまことの智《ち》ないから、持っている知を皆出してしまうから、上辺《うわべ》ばかり飾りて立派に見せようとしているから、いざという時には間に合わんのぢゃ。上辺しか見えんから、まことのこと分からんから、神の言うこと分からんのも道理ぢゃなあ。

立て直しの仕組、立派にできているから心配いたすでないぞ。立て替え、延ばしに延ばしている神の心分からんから、あまり延ばしては丸潰《つぶ》れに、悪の罠《わな》に落ちるから、止《とど》めの一厘《いちりん》の蓋、開《あ》けるから、目開《あ》けておれんことになるぞ。早う、知らせる人民には、知らせてやれよ。まず、七人に知らせと申してあろがな。

十一月十六日

日津久神《ひつくのかみ》

第十帖　（四三七）

悪いことは、陰口せずに親切に気つけ合って、仲良う結構ぞ。陰口、世を穢《けが》し、己穢《けが》すのざぞ。聞かん人民は、時待ちて気つけくれよ。縁《えん》ある人民、皆親同胞《はらから》ざぞ。慢心、取り違い、疑いと、我《が》が、この道の大き邪魔となるぞ。くどいようなれど、繰り返し繰り返し、気つけおくぞ。

時来たら説き出すものぢゃ。親の心察して、子から進んでするものぢゃぞ。その心、良きに幸《さきわ》うぞ。もの聞くもよいが、聞かんでは、分からんようでは、外国身魂ぞ。神の臣民、親の心映して、言われん先にするものぢゃぞ。世は神界から乱れたのであるぞ。人間界から世立て直して、地《くに》の岩戸、人間が開《ひら》いてみせるというほどの気迫なくてならんのざぞ。その気迫、幸《さきわ》うのざぞ。
岩戸開《ひら》けるぞ。

十一月十六日《にち》　日津久神《ひつくのかみ》

第十一帖　（四三八）

日本の上《うえ》に立つ者に外国の教え伝えて外国魂《がいこくだま》にいたしたのは、今に始まったことではないぞ。外国の性根《しょうね》入れたのが、岩戸閉めであるぞ。五度《ごたび》ざぞ。分かりたか。それを元に戻すのであるから、今度の御用なかなかであるぞ。中つ枝《え》からの神々様には分からんことざぞと申してあることも、合点《がってん》できるであろうがな。

この筆、腹に入れておれば、どんなことあっても、先に知らしてあるから心配ないのざ。それ出たとすぐ分かるから、胴据わっているから、何事も結構にお蔭《かげ》いただくのざ。死ぬ時は死んだがよく、遊ぶ時には遊べ遊べ。嬉し嬉しざぞ。

十一月十六日《にち》

日津久神《ひつくのかみ》

第十二帖（四三九）

万物の長《ちょう》とは、神の臣民のことであるぞ。世界の人民も皆万物の長であるぞ。この世の神は臣民ぢゃぞ。神に次いでの良《よ》い身魂ぞ。臣民は国之日津久神《くにのひつくのかみ》様ざぞ。

火の粉《こ》で火傷《やけど》するなよ。気つけおくぞ。

世に出ている守護神のすること、知れておるぞ。元の生き神様、御一方《おんひとかた》お力出しなされたら、手も足も出んことになるのぢゃ。神力《しんりき》と学力《がくりき》とのいよいよの力比べぢゃ。元の生き神様の御息吹《おんいぶき》、どんなにお力あるものか、今度は目にもの見せねばならんことになったぞ。肉体ばかりか、魂《たま》まで無《の》うになるやも知れんぞ。震え上がるぞ。
理が神ぞ。理が神の御《おん》働きざと申してあろがな。
十一月十六日《にち》
日津久神《ひつくのかみ》

第十三帖（四四〇）

天《あめ》の岩戸ばかりでないぞ。地《くに》の岩戸、臣民の手で開《ひら》かなならんぞ。まこと一つで開《ひら》くのぢゃ。まことの手力男神《たぢからおのかみ》、まことの宇受売命《うずめのみこと》殿、御用結構ぞ。騙した岩戸開《びら》きでは、騙した神様お出ましざぞ。この道理分からんか。取り違い禁物ぞ。生まれ赤子の心になれば分かるのぢゃぞ。

今の臣民、お日様明るいと思うているが、お日様、まことの世のまことのお日様、どんなに明るいか見当取れまいがな。見てござれ、見事な世といたして御《おん》目に掛けるぞ。

筆読みて聞かせてやれよ。嫌な顔する人民、後回しぢゃぞ。飛びつく人民、縁《えん》あるのぢゃ。早う、読み聞かす筆、選《よ》り分けておいてくだされよ。間に合わんぞ。御《ご》無礼ないようにいたしくだされよ。

十一月十七日《にち》

日津久神《ひつくのかみ》

第十四帖　（四四一）

日本には五穀、海の物、野の物、山の物、皆、人民の食いていくべき物、作らしてあるのぢゃぞ。日本人には肉類禁物ぢゃぞ。今に食い物の騒動激しくなると申してあること、忘れるなよ。今度は共食いとなるから、共食いならんから、今から心鍛えて食い物大切にせよ。食い物拝《おろが》む所へ、食い物集まるのぢゃぞ。

ひたすらに神に縋《すが》りて、お詫びせよ。それより外《ほか》に今は道なし。外国を日本の地面にせなならん。日本と日本と取り違いすな。何事も神第一ぞ。神よそに為すこと、言うこと、スコタンばかりぢゃ。分け隔てあると思うは、我《わ》が心に分け隔てあるからぢゃぞ。世界中のそれぞれの国、皆氏神《うじがみ》様、産土《うぶすな》様、いよいよ天《てん》の御《ご》命令どおりに掛かりくだされよ。もう待たれんことに時節参りているぞ。

世界の人民、皆泥海の中に住んでいるのぢゃぞ。元の水流して、清めてやらねばならんなれど、泥水《どろみず》を泥水《どろみず》と知らずに喜んでいるので、始末に困るぞ。清い水に住めん魚《うお》は、まことの魚《うお》ではないのぢゃぞ。

辛《つら》い役は因縁の身魂にいたさすぞ。心得なされるがよいぞ。

十一月十七日《にち》

日津久神《ひつくのかみ》

第十五帖（四四二）

このままでは世持ちてゆかんということ分かっておろが。所々の氏神様、今までのような氏子《うじこ》の扱いでは立ちてゆかんぞ。天《てん》の規則どおりに、やり方変えてくだされよ。間に合わんことあるぞ。

血、尊べよ。血は霊《れい》であるぞ。神であるぞ。血濁《にご》してはならんぞ。血はまぜこぜにしてはならんのぢゃ。黄金《こがね》は黄金《こがね》の血、白銀《しろがね》は白銀《しろがね》の血、黄金白銀《こがねしろがね》混ぜ混ぜて、別の血作ってはならんのぢゃぞ。外国にはまぜこぜもあるなれど、元をまぜこぜならんのざぞ。混ぜることは乱すことざぞ。学はこの大事な血、乱すように仕組みてあるのざぞ。それが良く見えるようにしたのは悪神《あくがみ》ざぞ。人民の目眩《くら》ましているのぢゃぞ。科学科学と人民申しているが、人民の科学では何もできん。乱すばかりぢゃ。神に尋ねて、神の科学でないと何事も成就せんぞ。分からなくなったら神に尋ねと申してあること、忘れるなよ。一に一足す二ばかりとは限らんのぢゃ。分かりたか。

十一月十八日《にち》

日津久神《ひつくのかみ》

第十六帖　（四四三）

神世になりたら、天地《てんち》近うなるぞ。天《てん》も地《ち》も一つになるのざぞ。今の人民には分かるまいなれど、神も人も一つ、上《うえ》も下《した》も一つとなって、自《おの》ずから区別できて、一列一平《いちれついったいら》、上下《うえした》できるのぢゃぞ。

この世は放っておいても自然にどうにか動いてゆくものざと、上《うえ》に立つ守護神逃げているが、そんなことでまつりごとできると思うてか。自然には動かんのぞ。その奥の奥の奥の〱〱〱のキの息から動いていること、分かるまい。人民の思うていることは、天地《てんち》の違いざぞ。・の中にまた〇があり、その〇に⊙があり、〱〱〱〱限りないのざぞ。

人民の研究もよいなれど、研究は神ぞ。道にひたすら仕え奉《まつ》れよ。拝《おろが》めよ。

研究ではまことのことは分からんのぢゃ。我《が》折りて、分からんことは神の申すこと聞くのぢゃ。分からんでも聞いてくだされよ。悪いようにはいたさんぞ。祭り祭りとくどう申してあろ。我《が》捨てて拝《おろが》めば、神のキ通じて何でも分かってくるのぢゃぞ。

十一月十八日

日津久神《ひつくのかみ》

第十七帖（四四四）

今の人民、少しは筆分かっておらんと、恥ずかしいことできてくるぞ。情けないことできてくるぞ。悔しさ目の前ぞ。

次の世が弥勒《みろく》の世、天《てん》の御《ご》先祖様なり。地《ち》の世界は大国常立大神様《おおくにとこたちのおおかみ》、御《ご》先祖様なり。天《てん》の御《ご》先祖様、この世の始まりなり。お手伝いが、弥栄《やさか》のまことの元の生き神様なり。

仕上げ見事成就いたさすぞ。御《ご》安心いたされよ。天《てん》も晴れるぞ。地《ち》も輝くぞ。天地《てんち》、一つとなって、まことの天《てん》と成り成り、まことの地《ち》と成り成り、三千世界、一度に開《ひら》く光の御世《み》ぞ、楽しけれ。あなさやけ、あな清々《すがすが》し、あな面白や。いよいよ何もかも引き寄せるから、その覚悟よいか。覚悟せよ。あなさやけ、あな清々し。四十七《しじゅうしち》と四十八《しじゅうはち》と四十九《しじゅうく》ぢゃ。

十二月四日《か》

日津久神《ひつくのかみ》知らす

第十八帖（四四五）

自分で、自分のしていること、分かるまいがな。神がさしているのざから、人間の頭では分からん。仕組どおりに使われて、身魂の掃除の程度に使われて、使い分けられているのぢゃぞ。早う人間心《ごころ》捨ててしもうて、神の申すとおりに従いてくだされよ。それがお主の徳と申すものぢゃぞ。一家のためぞ。国のためぞ。世界の民のためざぞ。天地《てんち》の御為《おんため》ざぞ。今までになかったこと今度はするのぢゃから、合点できんも道理ぢゃ、道理ぢゃ。初めは戦いで、戦で世の立て替えするつもりであったが、あまりに曇り酷《ひど》いから、戦ばかりでは隅々までは掃除できんから、世界の家々《いえいえ》の隅《すみ》まで掃除するのぢゃから、その掃除なかなかぢゃから、戦ばかりでないぞ。家《いえ》の中きちんと、食べ物大切が、甲斐《かい》の御用と申してあろがな。今度の岩戸は、開《あ》けっ放しぢゃ。褌《ふんどし》要らんと申してあろ。

十二月四日《か》

日津久神《ひつくのかみ》

第十九帖（四四六）

四十九、天明《てんめい》筆書かす御役《おん》ぞ。一二三《ひふみ》となる日、近づいたぞ。節分までに皆の守護神、同じ宮に祭りくれよ。祭り祭りてまつり合わせ、和合して物事成就するのぞ。祭る心なき者、まことないぞ。まこと、分からんぞ。靖国の身魂も、それまでに奥山に祭りくれよ。まつり変えてやりてくれよ。世界の神々様、守護神様、人民の身魂、祭りくれよ。祭り結構ぞ。

節分からの誓《ちか》い変えさすぞ。

大神様には、御《ご》三体の大神様、御《ご》三体の大神様と七回繰り返せよ。それでよいぞ。神々様には、弥栄《やさか》ましませと五回繰り返せよ。

霊《たま》の宮には、弥栄《やさか》ましませと三回繰り返せよ。それでよいぞ。弥栄《いやさか》ざぞ。

十二月四日

日津久神《ひつくのかみ》

第二十帖　（四四七）

よくもまあ鼻高ばかりになったものぢゃなあ。四つ足と天狗《てんぐ》ばかりぢゃ。まあまあ、やりたいだけやりてみなされ。神は何もかもみな調べ抜いて仕組みてあるのぢゃから、性来《しょうらい》だけのことしかできんから、いよいよとなりて神に縋《すが》らなならんということ分かりたら、今度こそは、まこと神に縋れよ。今度神に縋ることできんなれば、万劫末代《まんごうまつだい》浮かばれんぞ。したいことならやりてみて、得心ゆくまでやりてみて、改心早う結構ぞ。五六七《みろく》の世のやり方、型出してくだされよ。一人でも二人でもよいぞ。足場早う作れと申してあること忘れたのか。尾振る犬を打つ人民あるまいがな。ついてくる人民殺す神はないぞ。弥勒《みろく》様が月の大神様。

十二月四日《か》

日津久神《ひつくのかみ》

第二十一帖（四四八）

身欲信心スコタンばかり。天津日嗣《あまつひつぎ》の御位《みくらい》は、幾千代《いくちよ》かけて変わらんぞ。日の大神様、月の大神様、地《つち》の大神様、御《おん》血筋、弥栄弥栄《いやさかいやさか》ぞ。日本の人民、アフンとするぞ。皆、それぞれの縁《ゆかり》の円居《まどい》に・入れよ。筆、一二三《ひふみ》となるぞ。

天明《てんめい》は絵描きとなれ。絵描《か》いて皆にやれよ。弥栄《いやさか》となるぞ。弥栄《やさか》、弥栄《いやさか》。

今度は、キリストも仏《ぶつ》も何もかも生かさなならんのぞ。早くからこの方《ほう》の元へ来ていても、因縁あっても、肝心が分からんと後戻りばかりぢゃぞ。肝心肝心ぢゃぞ。学もよいが、それはそれのようなものぢゃぞ。途中からの神は、途中からの神。途中からの教えは、途中からの教え。今度の御用は、元のキの道ざぞ。世の元からの神でないと分からんぞ。できはせんぞ。生まれ赤子の心とは、途中からの心、教えすっかり捨ててしまえということざぞ。

十二月十四日《か》

日津久神《ひつくのかみ》

第二十二帖（四四九）

まだまだどえらいこと出てきて、日本の国はいよいよ潰《つぶ》れたというところへなってくるから、皆がまことの神魂《かみだましい》になってこんと、まことの神は出ないのざぞ。まことあるところへ、まことの神働くと申してあろが。まことないところへ働く神は、悪神《あくがみ》ぢゃぞ。よう気つけてくれよ。いくら時節来たとて、人民にまことないと気の毒ばかりぢゃ。気の毒、この方《ほう》嫌いぢゃ。道は神にも曲げられん。龍神は悪神《あくがみ》ぢゃと言う時、来るぞ。心せよ。まことない者は、今にこの方拝《ほうおが》むことできんことになるぞ。この方《ほう》に近寄れんのは、悪の守護神殿。いよいよ、天《てん》の御《ご》先祖様と地《ち》の御《ご》先祖様と御《ご》一体になりなされて、王の王の神で、末代治める基《もとい》作るぞ。少しでも混じり気《け》あってはならんのぢゃ。早う洗濯掃除、結構ぞ。

御用いくらでもあるぞ。お蔭《かげ》取り得ぢゃ。できるだけ大き器、持ちてござれよ。皆々、欲がちびいぞ。欲が小さいなあ。

話すことは放すことぢゃ。放すと摑めるぞ。

十二月十四日《か》

日津久神《ひつくのかみ》

第二十三帖　（四五〇）

これから三年の苦労ぢゃ。一年と半年と、半年と一年ぢゃ。手合わして拝《おが》むだけでは何もならんぞ。拝《おが》むとは御用することざぞ。形だけできても何もならんぞ。拝《おが》まないのは、なおよくないぞ。神に遠ざかることぢゃぞ。この道、ちっとも心許せん、きつい易しい道ぞ。泰平《たいへい》の嬉し嬉しの道ざが、いつも剣《つるぎ》の上《うえ》に下《した》にいる心構え結構ぞ。

一《いち》の国は一の国の教え、二《に》の国は二の国の教え、三の国は三の国、四《し》の国は四の国と、それぞれの教えあるぞ。道は一つぢゃぞ。取り違いせんようにせよ。住む家《いえ》も、食う物も違うのざぞ。まぜこぜならんのぢゃ。

皆々不足なく、それぞれに嬉し嬉しざぞ。不足ない光の世来るぞ。早う身魂相当の御用、結構結構ぞ。世いよいよ開《ひら》けゆくと人民申しているが、いよいよ詰まってくるぞ。遅し早しはあるなれど、いずれは出てくるから、筆、腹に早う入れておいてくれよ。筆まだまだ分かっていないぞ。

十二月十四日

日津久神《ひつくのかみ》

第二十四帖 （四五一）

待てるだけ待っているが、世潰《つぶ》すわけにはいかん。人民も磨けば神に御《ご》意見されるほどに身魂によってはなれるのざぞ。国之日津久神《くにのひつくのかみ》と栄えるのざぞ。何より身魂磨き結構。人気《にんき》悪い所ほど巡りあるのざぞ。

日本のやり方違うていたということ、五度《ごたび》違ったということ分かってこねば、日本の光出ないぞ。

上辺《うわべ》飾るな。言《こと》も嚙めば嚙むほど、味出てくるのが磨けた身魂。中身良くなってくると、上辺飾らいでも光出てくるぞ。

これまでの日本のやり方悪いから、神が時々神懸《かみかか》りて知らしてやったであろが。気つけてやったが、気のつく臣民ほとんどないから、今度五度《ごたび》の岩戸、一度《いちど》に開《ひら》いてびっくり箱開《ひら》いて、天晴《あっぱ》れ神々様に御《おん》目にかけ申すぞ。御《おん》喜びいただくのぢゃ。

筆どおり出てきても、まだ分からんか。筆は神の息吹《いぶき》ぢゃ。心ぢゃ。口上手、身振り上手でまことない者、この方《ほう》嫌いぢゃぞ。止《と》め神なり。先見えるぞ。先見んのは途中か《か》らの神ぢゃ。

十二月十四日　　日津久神《ひつくのかみ》記す

第二十五帖　（四五二）

神の側《そば》に引き寄せても、実地に見せても、我《が》が強いからなかなかに改心いたさん臣民ばかり。少しは神の心察してみるがよいぞ。気の毒できるから、少しは神の身にもなってみるものぢゃぞ。このままでは気の毒なことになるから、早う守護神、節分までに早う祭りくれよ。何事もキリキリキリということあるぞ。世、治めるは木花開耶姫《このはなさくやひめ》様なり。

十二月十四日　日津久神《ひつくのかみ》

第二十六帖　（四五三）

金《きん》では治まらん。悪神《あくがみ》の悪では治まらん。ここまで申してもまだ分からんか。金《きん》では治まらん。悪の総大将もそのこと知っていて、金《きん》で世を潰《つぶ》す計画ざぞ。分かっている守護神殿、早う改心結構ぞ。

元の大神様に御《ご》無礼しているから、病神《やまいがみ》に魅入《みい》られているのぢゃぞ。洗濯すれば治るぞ。病神《やまいがみ》は怖くて入ってこられんのぢゃぞ。家《いえ》も国も同様ざぞ。

筆いくらでも説けるなれど、まこと一つで説いて行《おこな》ってくだされよ。口で説くばかりではどうにもならん。魂《たま》なくなってはならん。

十二月十四日《か》

日津久神《ひつくのかみ》

第二十七帖　（四五四）

苦しむと曲がるぞ。楽しむと伸びるぞ。この方《ほう》、苦しむこと嫌いぢゃ。苦を楽しみてくだされよ。

この方《ほう》に敵《てき》とう御《おん》力の神、いくらでも早う出てござれ。敵《てき》とう神、この方《ほう》の御用に使うぞ。天晴《あっぱ》れ御《おん》礼申すぞ。

世界のどんなに偉い人でも、この方《ほう》に頭下げてこねば、今度の岩戸開《ひら》けんぞ。早う筆読んで神の心汲み取って、五六七《みろく》の世の礎《いしずえ》、早う固めくれよ。算盤《そろばん》の桁違う算盤で、いくら弾いてもできはせんぞ。素直にいたしてついてござれ。見事、光の岸に連れて参って、喜ぶようしてやるぞ。

十二月十四日《か》

日《ひ》津《つ》久《く》神《のかみ》

第二十八帖（四五五）

十二の流れ、六の流れとなり、三つの流れとなり、二となり、一と成り成りて、一つとなり、一つの王で治めるのぢゃぞ。弥栄《いやさか》の仕組、富士と鳴門《なると》の仕組、いよいよとなったぞ。あな嬉し、あな清々《すがすが》し、富士は晴れたり日本晴れ。

この巻、梅の巻と申せよ。のちの世の宝と栄えるぞ。

十二月十四日《か》

日《ひ》津《つ》久《く》神《のかみ》

第二十一巻　空《そら》の巻　全十四帖

自　昭和二十二年一月一日
至　昭和二十二年四月五日

第一帖　（四五六）

なる世、極まりて扶桑《ふそう》、都《みやこ》ぞ。みち足り足りて、万世のはじめ、息吹き、動き和し、弥栄え、ひらき睦《むつ》び、結ぶ、扶桑の道、鳴り始む道、代々の道ひらき、次に睦《むつ》び、まことの道に光り極む、新しき世、出《い》で、みち続き、道続き、極みに極まりなる大道、極まる神の大道、ひらく世、弥栄神、かく、千木高く栄ゆ世に、世変わるぞ。

太神、大神、神出《い》でまして、道弥栄極む、大神に神みち、極み、栄え、更に極む。

元津日の大神、元津月の大神、元津地の大神、弥栄。

一月一日

日津久神《ひつくのかみ》

第二帖　（四五七）

　ひふみゆらゆらと、一回、二回、三回、唱《とな》え奉《まつ》れよ。甦《よみがえ》るぞ。次に人は道真中にして輪となり、皆の者集まりて、お互いに拝《おろが》み、中心にまつりまつり結構ぞ。節分からでよいぞ。
　このお道の導きの親、尊べよ。どんなことあっても上《かみ》に立てねばならんぞ。順乱しては神の働きないと申してあろがな。直会《なおらい》には神の座、上に作らななら んのざぞ。神人共にと申してあろがな。まだ分からんのか。順正しく、礼儀正しく、神にも人にも仕え奉《まつ》れよ。束ねの神は、束ねの人はあとからぢゃ。あとから出るぞ。

一月一日《にち》

日津久神《ひつくのかみ》

第三帖　（四五八）

一二三《ひふみ》、四十九柱、五十九柱、神世の元ざぞ。

天地《あめつち》御中《みなか》ムしの神、天地《あめつち》御中《みなか》ムしの神、天地《あめつち》御中《みなか》ムしの神、天地《あめつち》御中《みなか》ウしの神、天地《あめつち》御中《みなか》ウしの神、天地《あめつち》御中《みなか》天地《あめつち》御中《みなか》ウしの神、天地《あめつち》御中《みなか》天地《あめつち》御中《みなか》天地《あめつち》御中《みなか》ウしの神、天地《あめつち》御中《みなか》ウしの神、天地《あめつち》御中《みなか》ウしの神、天地《あめつち》御中《みなか》天地《あめつち》御中《みなか》天地《あめつち》御中《みなか》ムしの神、天地《あめつち》御中《みなか》ヌしの神。

天地《あめつち》の初め。

一月三日

日津久神《ひつくのかみ》

第四帖　（四五九）

立て直しの道続き、結び、展《ひら》く、日月出《い》で、万《よろず》のもの、一二三《ひふみ》とみち、続き鳴り成り、ひらく大道、真理の出《い》でそむ中心に、まこと動きて元津神栄ゆ、元津神は真理、真愛、大歓喜の大道ぞ。渦ぞ。神々の渦ぞ。鳴門ぞ。人の喜びぞ。代々の大道ぞ。

真理、真愛、大歓喜は、中心に光り、ひらき極まる道ぞ。展《ひら》き極まる道ぞ。鳴り極み、ひらき、動く大道、動き、和し、なり、大歓喜、足りに足り足る世、生まれ出《い》づる世、動き更にひらき、次々に栄え極みて、新しきはたらきの湧く次の大御代の六合続く道、続き睦《むつ》びて、富士晴れ極み、鳴門は殊に光出《い》でて、大道は日神の中心にかえり、また出《い》でて、ひらき、大道いよいよ満つ、焼く神々、早くせよ。

一月六日

日津久神《ひつくのかみ》

第五帖（四六〇）

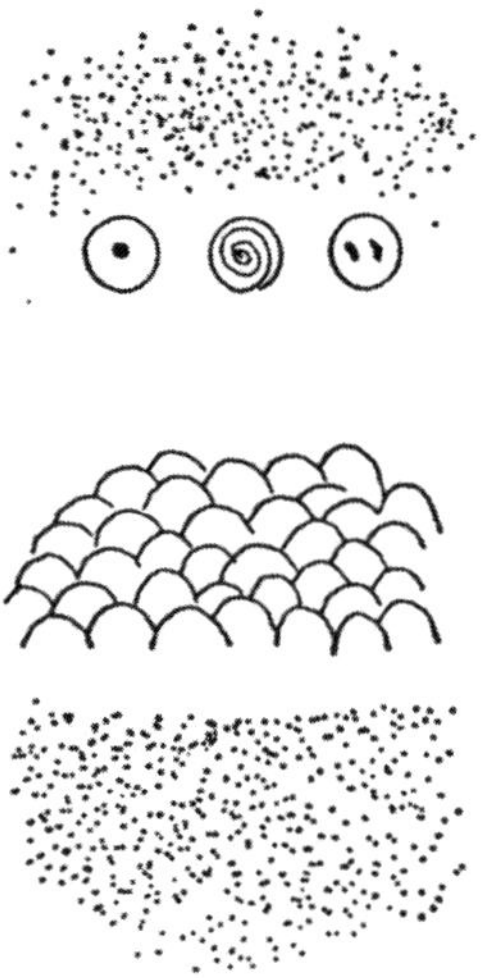

第六帖（四六一）

天之日津久神《あめのひつくのかみ》守る。天之日津久神《あめのひつくのかみ》守る。国之日津久神《くにのひつくのかみ》守る。国之日津久神《くにのひつくのかみ》守る。雨の神、風の神、岩の神、荒れの神守る。

（天明白《てんめいもう》す。第五、第六帖とも一月六日の筆）

第七帖　（四六二）

これだけ細かに筆で知らしても、まだ分からんか。我《が》があるからぞ。曇りているからぞ。まず己の仕事せよ。五人分も十人分も精出せと申してあろ。五人分仕事すれば分かってくるぞ。仕事とは喜事《よごと》であるぞ。仕事せよ。仕事仕え奉《まつ》れよ。それが神の御用ざぞ。神の御用ざと申して、仕事休んで気違いの真似に落ちるでないぞ。

静かに一歩一歩進めよ。急がば回れよ。一足《ひとあし》飛びに二階には上れんぞ。今の仕事悪いと知りつつするは、なお悪いぞ。仕事、仕事と神に祈れよ。祈れば仕事与えられるぞ。祈れ祈れとくどう申してあろが。良き心、良き仕事生むぞ。喜事《よごと》生むぞ。この道理まだ分からんのか。神にくどう申さすでないぞ。

大智大理交わり、道は明らか、大愛、大真、出《い》でひらく道、ひらきて大智、大愛、和し、交わりて、一二三《ひふみ》の極み、弥栄、弥栄の大道ぞ。

一月十三日《にち》
日津久神《ひつくのかみ》

第八帖　（四六三）

衣類、食べ物に困った時は、龍宮の乙姫様にお願い申せよ。五柱の生き神様にお願い申せば、災難逃《のが》らせてくださるぞ。岩、荒れ、地震、風、雨の神様なり。

いろはに泣く時来るぞ。いろは四十八ぞ、四十九ぞ。

筆はその時の心に取りて違わん。磨けたら磨けただけに取れて違わんのであるから、我《われ》の心どおりに取れるのであるから、同じ筆が同じ筆でないのざぞ。

悪の世が回りてきた時には、悪の御用する身魂《みたま》を作りておかねば、善では動き取れんのざぞ。悪も元ただせば善であるぞ。その働きの御用が悪であるぞ。御《ご》苦労の御役《おんやく》であるから、悪憎むでないぞ。憎むと善でなくなるぞ。天地《てんち》濁《にご》りてくるぞ。世界一つになった時は、憎むこと、まずさらりと捨てねばならんのぞ。この道理、腹《か》の底から分かりて、合点《がってん》合点してくだされよ。

三月三日　日《ひ》津《つ》久神《くのかみ》

第九帖　（四六四）

五六七《みろく》世に出《い》づには、神の人民、お手柄いたさなならんぞ。お手柄、結構結構。神の人民、世界中にいるぞ。この中に早くから来ていて、何も知りませんとは言われん時来るぞ。筆よく読んでいてくれよ。時来たら説き出せよ。潮満ちているぞ。潮時誤るなよ。早う目覚めんと、別の御用に回らなならんぞ。艮《うしとら》金神《こんじん》様、何事も聞きくださるぞ。まこともってお願いせよ。聞かんことは聞かんぞ。聞かれることは聞いてやるぞ。神、仏、キリスト、ことごとく人民の世話もしてやるぞ。時節到来しているにまだ気づかんか。

人民のものというもの、何一つないのざぞ。まだ金《きん》や学でゆけると思うているのか。いよいよの蓋開《あ》いているに、まだ分からんか。奥山に参りてこねば分からんことになってくるぞ。奥山、奥山ぞ。同じ奥山が、その時々により変わってくるぞ。身魂磨けば、磨いただけに光できて、お蔭《かげ》あるぞ。この道理分かるであろがな。

三月三日《か》

日《ひ》津《つ》久神《くのかみ》記すぞ

第十帖（四六五）

この方《ほう》、悪がかわいいのぢゃ。御《ご》苦労ぢゃったぞ。もう悪の世は済みたぞ。悪の御用、結構であったぞ。早う善に返りて、心安く善の御用聞きくれよ。世界から化物出るぞ。この中にも化物出るぞ。よく見分けてくれよ。取り違い禁物ぞ。

この筆よく見ていると、いざという時には役に立つぞ。肝心の時に肝心が成るぞ。

元は元、分かれは分かれ。元と分かれ、同じであるぞ。別であるぞ。それぞれに分かれの円居《まどい》作ってよいぞ。

今日《きょう》働いて今日《きょう》食わなならんことに皆なりてくるのざから、その覚悟せよ。上《うえ》に立つ番頭殿、下《した》の下《した》まで目届けておらんと、日本潰《つぶ》れるぞ。潰れる前に、そなた達が潰れるのざぞ。早う改心して、まことの政治仕え奉《まつ》れよ。入れもの綺麗《きれい》にしておりたら、この方《ほう》が良きに使うぞ。今の仕事仕えておれよ。筆腹に入れて、焦らずに身魂磨き、結構結構。今度は世界のみか、三千世界潰れるところまでゆかなならんのざから、くどう申しているのざぞ。

三月三日《か》

日津久神《ひつくのかみ》

第十一帖　（四六六）

大層が大層でなくなる道が、神の道ざぞ。この道、中ゆく道。筆読みて早う合点、結構ぞ。行い正しく、口静かにしたら、神の仕組分かるぞ。因縁ある身魂が、人民では知らん結構をいたすぞ。筆読んで、どんな人が来ても、その人々に当たるところ読みて聞かすが一等ざぞ。

一分《いちぶ》と九分《くぶ》との戦いぢゃ。皆、九分が強いと思うているが、今度の仕組、アフンの仕組ぞ。早飲み込み、大怪我の元と申すのは、我《わ》が心どおりに映るからぞ。

臭《くさ》い物食う時来たぞ。ほんのしばらくぞ。我慢《がまん》よくよくせ。良くなるぞ。分かれの円居《まどい》の一つとして、宗教も作れよ。ほかの宗教とは違うやり方でないと成就せんぞ。元はそのままざぞ。分かれざぞ。この宗教には、教祖は要らんぞ。教祖は筆ぢゃ。筆がアと申してあろがな。ヤ、ワ、㋳、㋻、要るぞ。為せば成る、為さねば後悔ぢゃぞ。

慎もうして、神に供えてからいただけば、日本は日本で食べてゆけるのざぞ。理屈に邪魔されて、あるものもなくして食えなくなるのは、悪の仕組ぢゃ。土の金神《こんじん》様を金《かね》の神様と申せよ。

三月三日《か》　日津久神《ひつくのかみ》

第十二帖　（四六七）

学の鼻高さん、何もできんことになるぞ。今に世界から正末《しょうまつ》が段々分かりきて、慌てても間に合わんことになるぞ。今のうちに筆よく腹に入れておけよ。この道には、いろいろと神の試しあるから、慢心するとすぐ引っ繰り返るぞ。考えでは分からん。素直結構ぞ。

日本には、五穀、野菜、海、川、いくらも弥栄《やさか》の食べ物あるぞ。人民の食べ物間違えるでないぞ。食い過ぎるから足らんことになるのざぞ。

いくら大切な因縁の臣民でも、仕組の邪魔になると取り替えるぞ。慢心取り違いいたすなよ。替え身魂いくらでもあるぞ。

学問の世は済みたから、学者は閉口するぞ。商売の世も済みたから、商売人も閉口するぞ。力仕事はできんし、共食いするよりほかに道ないと申す人民ばかりになるぞ。今までとはさっぱり物事変わるから、今までのやり方、考え方変えてくれよ。筆どおりに行うならば、その日その時から嬉し嬉しざぞ。

ここは落とした上《うえ》にも落としておくから、世の中の偉い人にはなかなかに見当取れんから、身魂の因縁ある人にはなるほどなあとすぐ心で分かるのぢゃぞ。木《こ》の花咲けば、皆良くなるのぞ。木《こ》の花なかなかぞ。

三月三日《か》

日津久神《ひつくのかみ》

第十三帖　（四六八）

我《われ》が勝手に解釈して、お話しして、神の名穢《けが》さんようにしてくれよ。曇りた心で伝えると曇りてくるくらい、分かっておろがな。筆どおりに説けと申してあろが。忘れてならんぞ。

履物も今に変わってくるぞ。元に返すには、元の元のキの混じり気《き》のない身魂と入れ替えせねばならんのぢゃ。・が違っているから、いくら世界中、輪になっても成就せん道理、分かるであろがな。一度申したことは、いつまでも守る身魂でないと、途中でグレングレンと変わるようでは御用務まらんぞ。

人力屋、酒屋、料理屋、芸妓屋《げいこや》、娼妓《しょうぎ》、なくいたすぞ。世潰《つぶ》す元ざぞ。菓子、饅頭《まんじゅう》も要らんぞ。煙草も癖ぞ。良き世になりたら、別の酒、煙草、菓子、饅頭できるぞ。勝手につくってよいのざぞ。それ商売にはさせんぞ。

旧五月五日か《か》らの礼拝の仕方、書き知らすぞ。

朝は、大神様には一拝、二拝、三拝、八拍手《はくしゅ》。ひふみゆらゆら、ひふみゆらゆらひふみゆらゆら、ひふみゆらゆらひふみゆらゆらひふみゆらゆら。一二三《ひふみ》祝詞《のりと》宣《の》りてから、御《ご》三体の大神様、弥栄《やさか》ましませ、弥栄《いやさか》ましませ、天之日津久《あめのひつくの》大神《おおかみ》様、弥栄《やさか》ましませ、弥栄《いやさか》ましませ、国之日津久大神《くにのひつくのおおかみ》様、弥栄《やさか》ましませ、弥《いや》栄《さか》ましませ。八拍手《はくしゅ》。御《ご》三体の大神様、七回宣れよ。終わりて大神様のキいただけよ。八拍手《はくしゅ》、一拝、二拝、三拝せよ。

夜《よる》は、同じようにして一二三祝詞《のりと》の替わりに、いろは祝詞《のりと》宣れよ。三五七に切りて、手打ちながら、一二三祝詞《のりと》と同じように宣りて結構ぞ。

昼は、大地に祈れよ。黙祷《もくとう》せよ。時により所によりて、しばし黙祷せよ。お土の息いただけよ。できれば、裸足になってお土の上《うえ》に立ちて、目を瞑《つむ》りて足にて息せよ。一回、二回、三回せよ。

神々様には、二拝、四拍手《しはくしゅ》。ひふみゆらゆら、ひふみゆらゆらひふみゆらゆら、ひふみゆらゆらひふみゆらゆらひふみゆらゆら唱え、天《あめ》の数歌三回唱え、神々様、弥栄《やさか》ましませ、弥栄《いやさか》ましませと宣りて、四拍手《しはくしゅ》せよ。誓《ちか》いは時によりてよきにせよ。

霊《たま》の宮には、一拝、二拍手《はくしゅ》。天《あめ》の数歌一回。弥栄《やさか》ましませ、弥栄《いやさか》ましませ。二拍手《はくしゅ》、一拝でよいぞ。ひふみゆらゆら、要らんぞ。誓《ちか》いは、その時々によりてよきにせよ。

各々の先祖さんには、今までの祝詞《のりと》でよいぞ。

当分これで変わらんから、印刷してよく分かるようにして、皆の者に分けて取らせよ。弥栄《いやさか》に拝《おろが》み奉《まつ》れよ。

三月三日《か》

日《ひ》津《つ》久《く》神《のかみ》記す

第十四帖（四六九）

御《み》光の輝く御《み》世となりにけり嬉し嬉しの岩戸開《あ》けたり

あなさやけ三千年の夜《よ》は明けて人神《ひとかみ》となる秋《とき》は来《き》にけり

日津久大神《ひつきのおおかみ》、キリスト大神、釈迦大神《しゃかおおかみ》、マホメット大神、黒住大神《くろずみおおかみ》、天理大《てんりおお》神《かみ》、金光大神《こんこうおおかみ》、大本大神《おおもとおおかみ》、老子大神《ろうしおおかみ》、孔子大神《こうしおおかみ》、すべて十柱《とはしら》の大神は、光の大神として斎《いつき》祭り結構いたしくれよ。富士晴れるぞ。岩戸開《あ》けるぞ。御《ご》神名書かすぞ。

ひかりの教会祝詞《のりと》は、光の大神、弥栄《やさか》ましませ、弥栄《いやさか》ましませ、光の大神、守り給《たま》え、幸《さきわ》え給えと申せよ。弥栄弥栄《やさかいやさか》。

四月五日《か》

日津久神《ひつくのかみ》

十《と》柱揃《はしらそろ》たら祭れと申してあろが。分かりたか。

第二十二巻　青葉の巻　全二十三帖

自　昭和二十二年四月二十六日
至　昭和二十二年八月　十二日

第一帖 （四七〇）

乙姫会《おとひめかい》には、別に神祭らいでもよいぞ。光の大神様、斎《いつき》祭り結構いたしくれよ。皆に乙姫様の分霊《わけみたま》授け取らすぞ。お守り、授け取らすぞ。光の大神様の信者には、御《ご》神名授けて取らせよ。役員には、御《ご》神石祭りくれよ。光の大神様の日々《にちにち》のお給仕《きゅうじ》には、十《とお》の土器《かわらけ》にて供え奉《まつ》れよ。

役員七つに分けよ。大道師《だいどうし》、権大道師《ごんだいどうし》、中道師《ちゅうどうし》、権中道師《ごんちゅうどうし》、小道師《しょうどうし》、権小《ごんしょう》道師《どうし》、参道《さんどう》の七段階ぞ。中道師《ちゅうどうし》から上《うえ》は神人《かみひと》共ざぞ。

世界の民の会は、三千世界に拝《おろが》み合うのざぞ。何事も神祭り第一ざと申してあろがな。

大き器持ちてござれよ。小さい心では見当取れんことになるのざぞ。身魂《みたま》、慢心取り違い、ポキンぞ。身魂、いつでも変わるのざぞ。次々に偉い人出てくるから、筆よく読んで、グングン行《おこな》って進めよ。行うところ、神現れるぞ。光の道、弥栄《いやさか》ぞ。為せば成るのざぞ。人民ドンドン行わなならんのざぞ。弥栄《いやさか》ざぞ。この筆からは、ひかり教会から世に出せよ。
この巻、青葉の巻。前の巻は、空の巻とせよ。天明《てんめい》、御《ご》苦労。
四月二十六日《にち》
日《ひ》津《つ》久神《くのかみ》

第二帖　（四七一）

玉串《たまぐし》として、自分の肉体の清い所、供え奉《まつ》れよ。髪を切って息《い》吹《ぶ》きて祓《はら》いて紙に包んで、供え奉《まつ》れよ。玉串は自分捧げるのざと申してあろがな。お供えの始めは、ム（無《む》）とせよ。ムはウ（有《う》）ざぞ。まことのキ、供えるのざぞ。鏡は三つ重ねよ。天地人《てんちじん》、一体ざと申してあろがな。御《ご》神前ばかり清めても、まこと成就せんぞ。家《いえ》の中、皆御《ご》神前ぞ。国中、皆御《ご》神前ざぞ。分かりたか。

夜《よる》寝る前に守護神の弥栄《いやさか》褒めよ。いたらざる自分悔いよ。

修行できた信者の守りの神、道場に祭れよ。万霊《ばんれい》、道場に祭れよ。役員の守りの神は、本部に祭れよ。神々様、本部に祭れよ。
外国とは幽界のことぞ。外国と手握るとは、幽界と手握ることざぞよ。
五月十二日《にち》　日津久神《ひつくのかみ》

第三帖　（四七二）

ひかり教の教旨、書き知らすぞ。人民、その時、所に通用するようにして、説いて知らせよ。

教旨

天地不二《てんちふじ》
神人合一《しんじんごういつ》
天《あめ》は地《つち》なり　地《つち》は天《あめ》なり　不二《ふじ》なり　天地《あめつち》なり

神は人なり　人は神なり　一体なり　神人《かみひと》なり

神幽現《しんゆうげん》を通じ、過現未《かげんみ》を一貫して、神と人との大和合《だいわごう》、霊界と現界との大和《だいわ》合《ごう》をなし、現幽神《げんゆうしん》、一体大和楽《だいわらく》の光の国実現をもって、教旨とせよ。

次に信者の実践のこと書き知らすぞ。

三大実践主義

弥栄《いやさか》実践

祓《はらい》　実践

☉《まつり》実践　☉はまつりぞ

大宇宙の弥栄《いやさか》、生成化育《せいせいかいく》は、寸時《すんじ》も休むことなく進められているのざぞ。弥《いや》栄《さか》が神の御《ご》意志ざぞ。神の働きざぞ。弥栄《いやさか》は実践ざぞ。人としては、その刹那《せつな》刹那に弥栄《いやさか》を思い、弥栄《いやさか》を実践してゆかねばならんのざぞ。

宇宙のすべては⊙となっているのざぞ。どんな大きな世界でも、どんなに小さい世界でも、ことごとく中心に統一されてまつろうているのざぞ。まつりせる者を善といい、それに反する者を悪というのざぞ。人々のことごとまつり合わすは元より、神、幽、現の大和《だいわ》実践してゆかねばならんのざぞ。

天地《あめつち》の大祓《おおはら》いと呼応して、国の潔斎《けっさい》、人の潔斎、祓《はら》い清めせねばならんのざぞ。与えられた使命を果たすには、潔斎せねばならんのざぞ。省《かえり》みる、恥じる、悔ゆる、恐《おそ》る、悟るの五つの働きを正しく発揮して、禊祓《みそぎはら》いを実践せねばならんのであるぞ。

役員よきにして、今の世に、よきように説いて聞かして、まず七七、四十九人、三四三人、二四〇一人の信者、早う作れよ。信者は光ぞ。それができたら足場できるのざぞ。産土《うぶすな》の神様祭りたら、信者できたら、国魂の神様祭れよ。次に大国魂《おおくにたま》の神様祭れよ。世、光来るぞ。

五月十二日《にち》
日津久神《ひつくのかみ》

第四帖　（四七三）

三千年《みちとし》の富士は晴れたり岩戸開《あ》けたり

実地ざぞ。やり直しできんのざぞ。早う足場作れと申してあろがな。三千の足場作ったら、神の光出ると申してあろがな。足場作れよ。足場はアジヤぞ。足場なくては何もできん道理、人間にも分かろがな。何より足場第一ざぞ。世界の民の会、二人でやれよ。一人でしてはならんぞ。くどう気つけあろがな。あなさやけ、あな清々《すがすが》し。

六月十日《か》

日津久神《ひつくのかみ》

第五帖　（四七四）

仕事、喜事《よごと》と申してあろがな。仕事、まつりざぞ、自分の仕事、疎《おろそ》かならんのざぞ。仕事せよ。仕事仕え奉《まつ》れと申してあろが。ひかり教会の本部、元へ移してもよいぞ。天明《てんめい》、表へ出てもよいぞ。いよいよぞ。皆に早う伝えてくれよ。祭り結構。

七月三十一日《ち》

日津久神《ひつくのかみ》

第六帖　（四七五）

変な人が表に出るぞ。出たら気つけよ。この道開《ひら》くにはまことぢゃ。まことは喜事《よごと》ぢゃ。仕事ぢゃ。祭りぢゃ。あなないぢゃ。〆松《しめまつ》ぢゃ。結びぢゃ。分け隔ては人間心《ごころ》。何が何だか分からんうちに、時節巡りて元に返るぞ。神に分け隔てなし。皆、一様《いちよう》にするぞ。お蔭《かげ》やるぞ。病《やまい》治してやるぞ。小さいこと、大きいこと、皆それぞれに御《おん》役勇んで仕え奉《まつ》れよ。分け隔てということなく、一致和合して神に仕え奉《まつ》れよ。和合せねばまことのお蔭ないぞ。まず、自分と自分と和合せよ。それが和合の第一歩。天地心《あめつちごころ》ぢゃぞ。すべては、そこから生まれくるものなのぞ。八月ぐらぐら。

八月二日《か》

日津久神《ひつくのかみ》

第七帖　（四七六）

嫌なことは、我《わ》が血筋にいたさすなり。他人傷つけてはならんなり。一二三《ひふみ》にも太摩邇《ふとまに》（二十◎）、いすら（五十◎）、いろはにも太麻邇《ふとまに》、いすら、よく心得なされよ。何かのこと、一二三、いろはでやり変えるのぢゃ。時節巡りて、上《うえ》も下《した》も花咲くのぢゃぞ。誰によらず改心せなならんぞ。この方《ほう》さえ改心いたしたお蔭《かげ》で、今度の御《おん》働きできるのぢゃ。同じこと、二度繰り返す仕組ざぞ。このこと、よく腹に入れておいてくだされよ。同じこと、二度。この筆、神と仏《ぶつ》の筆。

八月二日《か》

日《ひ》津《つ》久《く》神《のかみ》

第八帖（四七七）

時節には従ってくだされよ。逆らわず、あとの立つよういたされよ。あとのやり方、筆で知らしてあろがな。

国々所々によって、同じ円居《まどい》いくらでも作りあるのぢゃ。いずれも我《が》折って、一つに集まる仕組ぢゃ。天狗《てんぐ》禁物。いずれもそれぞれに尊い仕組ぞ。またとない円居ざぞ。神の心告げる手立ても、各々違うのぢゃ。

心大きく、早う洗濯いたされよ。囚《とら》われるなよ。囚われると悪となるぞ。一旦収まるなれど、あとはコンニャクぢゃ。分からん仕組、分からなならんのぢゃぞ。悪とは我《われ》よしのこと。

八月二日《か》

日津久神《ひつくのかみ》

第九帖（四七八）

苦労いたさねば、まこと分からんなり。人民というものは、苦に弱いから、なかなかにお蔭《かげ》のやりようないぞよ。欲出すから、心曇るから、我《われ》よしになるから、なかなかに改心できんなり。難しいぞよ。欲さっぱり捨ててくだされよ。欲出ると分からなくなるぞ。

大地の神の声、誰も知るまいがな。黙って静かにまつりて清めて、育てているのざぞ。何もかも大地に返るのざぞ。親の懐に返るのざぞ。次々に不思議出てくるぞ。不思議なくなりたら神の国、弥勒《みろく》の国となるのぢゃ。

八月三日《か》

日津久神《ひつくのかみ》

第十帖（四七九）

善き神には善き御用、悪き神には悪き御用、自分で自分が務め上げるのぢゃ。人に何と言われても、腹の立つようでは、御用難しいぞ。腹立つのは慢心からぢゃと申してあろうがな。

仕組、途中でグレンと変わり、カラリと変わる仕組いたしてあるのぢゃ。そこに一厘《いちりん》の仕組、火水《かみ》の仕組、富士と鳴門《なると》の仕組、結構結構、大切いたしてあるのぢゃ。仕組、変わり変わりて、人民には分からんなり。良き世といたすのぢゃ。いくら知あっても、人間心《ごころ》ではできん仕組ぞ。知捨てて、神に縋《すが》りてこねば分からん仕組ぢゃ。というて、人間世界は人間の知、要るのぢゃ。知でない智を神が与えるぞ。神人《かみひと》共にと申してあろうがな。務め上げたら、他《た》にない結構な御用。

八月三日《か》　日津久神《ひつくのかみ》

第十一帖　（四八〇）

世界一目《ひとめ》に見えるとは、世界一度に見える心に鏡磨いて掃除せよということぢゃ。掃除結構ぞ。

善と悪と取り違い申してあろがな。悪も善もないと申してあろがな。和すのが善ざぞ。乱すが悪ざぞ。働くには乱すこともあるぞ。働かねば育ててはゆけんなり。

気緩《ゆる》んだらすぐ後戻りとなるぞ。坂に車のたとえぞと申してあろがな。

苦しむ時は苦しめよ。苦《く》の花咲くぞ。

世は七度《ななたび》の大変わり　変わる世かけて変わらぬは

まこと一つの木《こ》（苦《こ》）の花ぞ　木《こ》の花咲くは扶桑《ふそう》の山
富士は神山《かみやま》神住む所　やがて世界の真ん中ぞ

八月三日《か》

日津久神《ひつくのかみ》

第十二帖　（四八一）

お筆どおりにすれば、神の言うこと聞けば、神が守るから、人民の目からは危ないように見えるなれど、やがては結構になるのざぞ。疑うから、途中からガラリと変わるのざぞ。折角、縁《えん》ありて来た人民ぢゃ。神はお蔭《かげ》やりたくてウズウズざぞ。手を出せばすぐ取れるのに、なぜ手を出さんのぢゃ。大き器持ちてこんのぢゃ。筆聞きておると身魂太るぞ。身魂磨けるぞ。

下《した》にいて働けよ。下《した》で土台となれよ。ここは初めて来た人には見当取れんようになっているのぢゃ。人の悪口、この方《ほう》聞きとうないぞ。まして神の悪口。

八月の四日《か》

日津久神《ひつくのかみ》

第十三帖　（四八二）

同じ名の神二つあると申してあろ。同じ悪にもまた二つあるのぢゃ。このこと、神界の秘密（火水《ひみつ》）ぞ。このこと分かると、仕組、段々解けてくるのざぞ。鍵ざぞ。

七人《しち》に伝えよと申してあろ。初めの七人大切ざぞ。今度はしくじられんのざぞ。神の仕組間違いないなれど、人民しくじると、しくじった人民かあいそうなから、くどう申しつけてあるのざぞ。よう分けて聞き取りて、折角の縁《えにし》と時を外すでないぞ。世界中のことざから、いくらでも替え身魂、替わりの円居《まどい》作りてあるのざぞ。尊い身魂と、尊い血筋、忘れるでないぞ。型は、気の毒ながらこの中から。
八月四日《か》

日津久神《ひつくのかみ》

第十四帖　（四八三）

今の世は頭と尻尾ばかり、肝心の胴体ないから、力出ないぞ。従う所へは従わなならんのざぞと申してあろ。時節に従って、負けて勝つのざぞ。負けが勝ちぞ。分かりたか。

お詫びすれば、誰にもよらん許して善き方《ほう》に回してやるぞ。口先ばかりでなく、心からのお詫び、結構いたしくれよ。

騙した岩戸からは騙した神お出ましぞと申して、くどう知らしてあろがな。騙して無理に引っ張り出して、無理するのが無理ぞと申すのぞ。無理は闇《やみ》となるのざぞ。それで嘘の世、闇の世となって、続いてこの世の苦しみとなってきたのざぞ。こうなることは、この世の始めから分かっていての仕組。心配せずに、この方《ほう》に任せおけ、任せおけ。

八月四日《か》　日津久神《ひつくのかみ》

第十五帖　（四八四）

世の立て替えと申すのは、身魂の立て替えざから、取り違いせんようにいたされよ。身魂とは、身と魂《たま》であるぞ。今の学ある人民、身ばかりで立て替えするつもりでいるから、魂《たま》が分からんから、いくら焦っても汗流しても、立て替えできんのざぞ。天地《てんち》の秋来《とき》ていることは大方《おおかた》の人民には分かっておりて、さあ立て替えぢゃと申しても、肝心の魂《たま》が分からんから、成就せんのざぞ。筆読んで、魂《たま》早う掃除せよ。

世界から見るから、日本が日本ぞ。も一つ上《うえ》の世界から見れば、世界は日本ぞ、神国《かみぐに》ざぞ。今までは大地の先祖の大神様の血筋を落としてしもうて、途中からの替わりの神でありたから、まぜこぜしたから、世が乱れに乱れてしもうたのぢゃぞ。知らしてあろがな。よく納得してくれよ。人民も、皆そのとおりになっているのぢゃ。

八月四日《か》　　日津久神《ひつくのかみ》

第十六帖（四八五）

日の大神様は日の御《おん》働き、月の大神様は月の御《おん》働き。日の大神様も世の末となって来て、御神力《ごしんりき》薄くなりなされているのざぞ。日の大神様も二つ、三つ。自分一人の力では、何事もこれからは成就せんぞ。心得なされよ。筆で知らしただけで得心して改心できれば、大難は小難となるのぢゃ。やらねばならん。戦は碁、将棋くらいの戦で済むのぢゃぞ。人民の心次第、行い次第で、空まで変わると申してあろがな。この道理よく心得なさりて、神の申すこと分からいでも、無理と思うことも貫きてくだされよ。それがまことぢゃ。

八月五日《か》

日津久神《ひつくのかみ》

第十七帖（四八六）

悪く言われると、巡《めぐ》り取ってもらえるぞ。悪く言うと、巡り作るのぢゃ。今度の立て替えは、人間知恵の立て替えとは大分違う、大層ざぞ。見当取れんのざぞ。日の神ばかりでは、世は持ちてはゆかんなり。月の神ばかりでもならず。そこで月の神、日の神が御一体《ごいったい》となりなされて、弥勒《みろく》様となりなされるなり。日《ひ》月《つきのかみ》神と現れなさるなり。弥勒《みろく》様が日月大神《ひつきのおおかみ》様なり。日月大神《ひつきのおおかみ》様が弥勒《みろく》の大神様なり。地《ち》の御先祖《ごせんぞ》様、地《くに》の御先祖《ごせんぞ》様と御一体《ごいったい》となりなされて、大日月地大神《おおひつきくにのおおかみ》様と現れなさるなり。旧九月八日《か》からは大日月地大神《おおひつきくにのおおかみ》様と拝《おろが》み奉《まつ》れよ。

八月五日《か》

日津久神《ひつくのかみ》

第十八帖（四八七）

改心とは阿呆《あほう》になることざぞ。世界中の阿呆なかなかぢゃ。なかなかに阿呆にはなれまいがな。世界中の人民に言って聞かして改心さすのでは、キリがないから、大変をいたさなならんのざぞ。難しいこと申しているが、平《ひら》とう説かねば分からんぞ。世界の説教をよく聞きてくれよ。天《てん》の教え、地《ち》の導き、よく耳澄まして聞き取れよ。神の心、段々に分かってくるぞ。

この者は見込みないとなったら、もの言わんぞ。もの聞けんようになったら、筆嫌になったら、その守護神、かあいそうになるのざぞ。見込みなくなれば、神は何も申さんのざぞ。今のうちに筆腹に入れよ。

八月五日《か》

第十九帖（四八八）

この度の岩戸開《びら》きに御用に立つ身魂ばかり、選《え》り抜きて集めて行さして御用に使うのであるから、他《た》の教会とは天地《てんち》の違いであるぞ。今度は人民の心の底まで改めて、いちいち始末せねばならんなり。誰によらん、今までのような贅沢、やめてくだされよ。せねば、するようせなならんなり。世界の腸《はらわた》、腐り切っているのであるから、いよいよをいたさねばならんなり。いよいよをすれば、人民いよいよとなるから、神がくどう気つけているのざぞ。ここへは、善と悪とどんな身魂も引き寄せて、こね回し練り直す所であるから、ちっとも気緩《ゆる》しならん所であるぞ。

ここの仕組は、天《てん》の仕組と地《ち》の仕組と、神となり仏《ほとけ》となり、結び⊙と和し、〇と現《あ》れ動き、成り成りてまことの世、弥勒《みろく》の世といたして、この世といたし

日津久神《ひつくのかみ》

て、この世を神の国といたす仕組ぢゃ。
今までは、天《てん》の神ばかり尊んで上《うえ》ばかり見ていたから、今度は地《ち》は地《ち》の神の世といたすのぢゃ。天《てん》の神は、地《ち》ではお手伝いざと申してあろうが。下《した》見て暮らせ。足下に気つけと申してあろが。皆、地《ち》の神尊び斎《いつき》祭りて、弥栄《やさか》ましませ。天《てん》の教えばかりではならず、地《ち》の教えばかりでもならず。今まではどちらかであったから、時が来なかったから、まことがまこととならず、いずれも片輪となっていたのざぞ。片輪、悪ぞ。今度は上下《うえした》揃《そろ》うて夫婦和して、天《てん》と地《ち》と御《ご》三体祭りてあななういて、末代の生きた教えと光り輝くのざぞ。

八月九日《か》

日津久神《ひつくのかみ》

第二十帖　（四八九）

己の心見よ。戦まだまだであろが。違う心があるから、違うものが生まれて違うことになる道理、分からんのかなあ。世界のいよいよの巡りが出てくるのは、これからであるぞ。九月八日《か》のこの仕組、近づいたぞ。人民は早合点《はやがてん》、我《われ》よしで筆読むから、皆心が出てしもうて、まこと知らしたこと毒とならんよう、気つけおくぞ。薬飲んで毒死せんように気つけよ。

今は世間では何事も分からんから、疑うのも無理ないなれど、神の仕組は何事もキチリキチリと間違いないのざぞ。宗教連合会も世界連合も、破れてしまうと申してあろがな。作った神や、神の許しなきものは、皆メチャメチャぢゃ。三千世界に手握る時と知らずに、他《た》の世界、元の世界を知らんからそうなるのぢゃぞ。火の火の世界、火の火の人、水の水《み》の世界、水の水《み》の人と交通できるのぢゃ。人と言っても人間ではないぞ。人神《ひとかみ》ざぞ。手握って、三千世界に天晴《あっぱ》れぢゃ。この道、神の道ぢゃ。光の道ぢゃ。教えぢゃ。悪と悪と、善と善と、悪と善と、善と悪と握る手持ちてござれよ。心持ちてござれよ。びっくり嬉し箱開《あ》くぞ。

八月十日《か》

日津久神《ひつくのかみ》

第二十一帖　（四九〇）

神が引き寄せるからと申して懐《ふところ》手《で》していては、道は広まらんぞ。弥栄《やさか》とは、次々に限りなく喜びを増やして、養ってゆくことざぞ。喜びとは、お互いに仲良くすることぞ。喜びは生きものぞ。形あるものぞ。色あるものぞ。声あるものぞ。分かりたか。

教会作れと申しても、今までのような教会ではならんぞ。今までの教会も、元は良いのであるぞ。いずれも取り次ぎ役員がワヤにいたしたのぢゃ。神の心から離れて、人間心《ごころ》となったからぢゃ。神の動きは、アヤワ㋳㋻ざと申してあろが。それをヤワ㋳㋻となし、ワ㋳㋻といたし、㋳㋻となし、㋻㋳にして、分からんことにいたしたのぢゃ。魂《たま》なくなって、その上《うえ》に上下《うえした》、下《した》引っ繰り返っていると申してあろがな。分かりたか。

八月十一日《にち》

日津久神《ひつくのかみ》

第二十二帖　（四九二）

己の知では分からん、大神様とはあべこべのこと考えていては、逆さばかりぢゃ。筆よく読んで、まことの仕組仕え奉《まつ》れよ。壁に耳あり、天井に目あり。道は一筋《ひとすじ》と申してあろ。人民というものは、あれこれとたくさんに目に見せては迷うものぢゃから、一つずつ目にもの見せて目あて作って、それで引っ張ってやりてくだされよ。一度にたくさん見せたり、教えたりしては、迷い生むばかりぢゃ。役員殿、気つけてくれよ。

この道開《ひら》けてくると、敵《かたき》が段々と多くなってくるぞ。敵《かたき》、結構ぞ。敵《かたき》、尊べよ。敵《かたき》に親切せよ。いずれも神の働きぞ。敵《かたき》も御《おん》役、悪も御《おん》役ぞ。敵《かたき》増えてくると、力出てくるぞ。神の仕組、一《ひと》切り。

八月十一日《にち》

日津久神《ひつくのかみ》

第二十三帖　（四九二）

かねて見してある弥栄《やさか》祈願せよ。やさ火《か》き火《か》ん。やさ水《か》き水《か》ん。火と水の御《ご》恩。弥栄《やさか》祈願。弥栄《やさか》祈願。弥栄《やさか》祈願。弥栄《やさか》祈願。

弥栄《やさか》の祭りぞ。弥栄《やさか》祭りの秘訣、秘密（火水《ひみつ》）は知らしてあろ。筆よく読めよ。これからの筆は、一二三《ひふみ》と申せよ。弥栄弥栄《やさかやさか》。

一二三四五六七八九十百千卍《ひふみよいむなやこともちろ》。

青葉の巻、これまで。

八月の十二日《にち》

日津久神《ひつくのかみ》記す

第二十三巻　海の巻　全十九帖

自　昭和二十二年八月　十三日
至　昭和二十二年八月二十三日

第一帖　（四九三）

海の巻、書き知らすぞ。

五つに咲いた桜花《さくらばな》　五つに咲いた梅の花

皆始めは結構であったが、段々と時経《ふ》るに従って、役員が集ってワヤにいたしたのぢゃ。気の毒ぞ。神の名穢《けが》しておるぞ。大日津久《おおひつく》と現れたら、何かのこと厳しくなって来て、立て替えの守護と立て直しの守護に回るから、その覚悟よいか。間違った心で信心すれば、信心せんより、も一つ厳しくえらいことが満ち始め、満つようになるぞ。

今にここの悪口申してふれ歩く人出てくるぞ。悪口言われだしたら、結構近づいたのざと申してあろ。悪口は悪の白旗ざぞ。飛んで来て、上《うえ》に留《と》まっている小鳥、風吹く度にビクビクぢゃ。大嵐来《こ》ん前にねぐらに帰ってくだされよ。大嵐、目の前。

ここはまず苦労、その苦労に勝ちたら、己に勝ちたら、魂《たま》磨けるぞ。段々と楽になって、嬉し嬉しとなるぞ。

結構な仕組、知らしたら邪魔入るなり。知らさんので分からんなり。心で取りてくれよ。

世界の民の会、為せば成る。為さねば後悔ぞ。

八月十三日《ち》

日津久神《ひつくのかみ》

第二帖 (四九四)

権小道師《ごんしょうどうし》から上《うえ》は、神の帳面につくのであるぞ。参道は仮ぞ。合わせて四十九、替え身魂《みたま》六。参道は仮ざから、そのつもり結構ぞ。

一帖、三十帖、二帖、二十九帖という風に読み直してくだされよ。三十帖一《ひと》切りとして、上下《うえした》交ぜ交ぜにして、上下《うえした》引っ繰り返して読み直してくれよ。火の守護から水の守護に変わっているのであるから、水の陰には火、火の陰には水ぞ。このこと忘れるなよ。

この中には化物いるのざぞ。化物に化かされんように、お蔭落《かげ》とさんようにいたしくだされよ。神くどう気つけおくぞ。

八月の十と四日《か》

日津久神《ひつくのかみ》

第三帖（四九五）

今までは神様も別れ別れで勝手にしていたのであるから、神様の申されたことにも、間違いとなることとあったのぢゃ。今でも神様は嘘を申さんのであるが、和合なく離れ離れであったから、自分の目で届くグルリは、自分の力の中ではまことであっても、広い世界へ出すと間違ったことになっていたのぢゃ。神のお示しが違うたと申して、その神様を悪く申すでないぞ。今の上《うえ》に立つ人も同様ざぞ。心得なされよ。今度はいよいよ一致和合して、大神様の仕組結構が相《あい》分かりてきて、大日津久神《おおひつくのかみ》となりなされて、現れなさるのぢゃ。分かりたか。

雨結構、風結構、岩結構、荒れ結構、地震結構。

八月十四日《か》

日津久神《ひつくのかみ》

第四帖 （四九六）

出てきてから、また同じようなこと繰り返すぞ。今度は、魂《たま》抜けているからグニャグニャぞ。グニャグニャ細工しかできんぞ。それに迷うでないぞ。筆が腹に入《い》って血になると何が起こってきても結構であるが、初めのうちはちょっとのことで迷いの雲が出て、悪の虜《とりこ》となって苦しむぞ。悪はないのであるが、ない悪を人民の心が生むのざぞ。悪の虜となって苦しむが見えているから、苦も結構なれど、要らん苦は要らんぞ。筆よく読んで、苦を楽とせよ。楽は喜びぞ。苦の働きが楽ぞ。楽は喜びぞ。光ぞ。神人《かみひと》共の祭りぞ。楽で岩戸が開《ひら》けるぞ。苦しんで開《ひら》く岩戸は、まことの岩戸でないぞ。

八月十四日《か》　　日津久神《ひつくのかみ》

第五帖　（四九七）

今日《こんにち》までの御《み》教えは　悪を殺せば善ばかり
輝く御《み》世が来るという　これが悪魔の御《み》教えぞ
この御《み》教えに人民は　すっかり騙され悪殺す
ことが正しきことなりと　信ぜしことの愚かさよ
三千年の昔から　幾千万の人々が
悪を殺して人類の　平和を求め願いしも

それは儚《はかな》き水の泡　悪殺しても殺しても
焼いても煮てもしゃぶっても　悪はますます増えるのみ
悪殺すちょうそのことが　悪そのものと知らざるや
神の心は弥栄《いやさか》ぞ　本来悪も善もなし
ただ御《み》光の栄ゆのみ　八岐大蛇《やまたのおろち》も金毛《きんもう》も
邪鬼も皆それ生ける神　神の光の生みしもの
悪抱《いだ》きませ善も抱《だ》き　あなうところに御《み》力の
輝く時ぞ来たるなり　善諍《いさか》えば悪なるぞ
善悪不二と言いながら　悪と善とを区別して
導く教えぞ悪なるぞ　ただ御《み》光のその中に
喜び迎え善もなく　悪もあらざる天国ぞ
皆一筋《ひとすじ》の大神の　働きなるぞ悪はなし
世界一家の大業《たいぎょう》は　地《ち》の上《うえ》ばかりでなどかなる
三千世界大和《だいわ》して　ただ御《み》光に生きよかし

生まれ赤子となりなりて　光の神の説き給《たま》う
まことの道を進めかし　まことの道に弥栄《やさか》ませ

八月十五日《にち》

⦿之日津久神《のひつくのかみ》記す

岩戸開《あ》けたる今日《きょう》ぞ目出度《めでた》し次の岩戸早う開《あ》けてよ

第六帖　（四九八）

いくら利口でも、今までの人間心《ごころ》では、神の仕組は分からんぞ。帰るに帰れず、他《た》を探しても、根本のまことを伝える所はなし。泣く泣く辛《つら》い思いせなならんぞ。くどう気つけているのざぞ。慢心、取り違いの鼻高さん、路頭に立たねばならんぞ。

一二四、結構な日に生まれたのぢゃ。この日に生まれた仕事は皆良くなるぞ。この筆よく読んでくれたら、何を申さんでも、何を聞かんでも、よいことになるのであるぞ。戦や天災では、人の心は直らんと申してあろが。今までのどんなやり方でも、人の心は直らんぞ。心得なされよ。

八月二十三日《にち》　　　　　　　　　　日津久神《ひつくのかみ》

第七帖　（四九九）

今度はまず心の立て直しぢゃ。どうしたら立て直るかということ、この筆読んで悟りてくだされよ。今度は悪を無《の》うにするのぢゃ。無《の》うにするには善で抱《だ》き参らすことぢゃ。なくすることでないぞ。滅ぼすことでないぞ。ここのところが肝心のところぢゃから、よく心に締めておりてくだされよ。

この世は、一つの神で治めんことには、治まらんぞ。・で括《くく》るのぢゃぞ。人民の力だけでは治まらんのぢゃぞ。一つの教えとなって、それぞれの枝葉が出てくるのぢゃ。今では枝から根が出て、大切な幹がなくなっているのぢゃぞ。中つ代からの神では、何もできんと申してあろがな。神と人と一つになって、一つの王となるのぢゃ。上下《うえした》揃《そろ》うて一つになるのぢゃ。善も悪もあないて、一つの新しき善となるのぢゃ。王となるのぢゃぞ。

八月二十三日《にち》

日津久神《ひつくのかみ》

第八帖　（五〇〇）

折角、神が与えたお蔭《かげ》も、今の人民では荷が重いから、途中で倒れんように筆を杖《つえ》としてくだされよ。息切れんようになされよ。一つでも、半分でも神の御用務めたら、務め得ざぞ。何と申しても、神ほど頼りになるものはないと分からんのか。お蔭取り得。

破れるは内《うち》からぞ。外《そと》からはビクともいたさんぞ。天《てん》では月の大神様、道開《ひら》かす神、出てくるぞ。始末よくしてくだされよ。始末よくできれば、何事も楽になってくるぞ。火の焚《た》き方から、水の汲み方までが、変わるのであるぞ。大切なことであるぞ。嘘はちっとも申されん、この方《ほう》ぞ。この筆どおりに出てくるのぢゃ。先の先まで見通しつかんようなことでは、こんな啖呵《たんか》は切れんのぢゃぞ。お蔭はその心どおりに与えてあるでないか。下《しも》の神が上《うえ》の神の名を騙《かた》ってくることあるぞ。それが見分けられんようでは取り違いとなるぞ。
十人位は筆が宙《ちゅう》で言える人を作っておかねばならんぞ。
八月二十三日《にち》
日津久神《ひつくのかみ》

第九帖　（五〇一）

　まことの改心は、いよいよとならねばなかなかにできんものぢゃが、できんことも、無理もきかねば、この峠越せんこともあるのざぞ。天《てん》も近うなるぞ。地《ち》も近うなるぞ。田舎に都《みやこ》、都《みやこ》に田舎ができると申してあろが。

　も少し人民に分かりてこんと、今びっくり箱を開《あ》けたら、助かる人民一分《いちぶ》もないぞ。早う知らしてくれよ。神急《せ》けるなれど、人民なかなか言うこと聞かんから、物事遅くなるばかり。遅くなればますます苦しむばかりぞ。

　色は匂えど散るものぞ。世の乱れ、神界の色からであるぞ。気つけおくぞ。日の本《もと》の国を取ろうとしても、何と騙しても、御《ご》先祖様には何もかも世の元からの仕組してこのこと分かっているのであるから、悪のやり方よ、早う善にまつろえよ。まつろえば悪も善の花咲くのぢゃぞ。

　八月二十三日

日津久神筆《ひつくのかみふで》

第十帖　（五〇二）

この方《ほう》、悪神《あくがみ》、祟神《たたりがみ》と人民に言われて、とことん落とされていた神であるぞ。言われるには、言われるだけのこともあるのぢゃ。この方《ほう》さえ改心いたしたのであるぞ。改心のお蔭《かげ》で、この度の御用の立役者となったのぢゃぞ。誰によらん、改心いたされよ。改心とは、まつろうことぞ。中ゆくことぞ。分かりたか。

今度は十人並のお蔭くらいでは、まことの信心とは申されんぞ。千人万人のお蔭を取りてくだされよ。千人力与えると申してあろが。

大事な御《ご》先祖様の血統を皆世に落としてしもうて、なきものにしてしもうて、途中からの替え身魂を、渡りてきた身魂を、まぜこぜの世といたして、今のありさまは何事ぞ。まだ分からんのかなあ。人民もグレンぞ。

八月二十三日

日津久神《ひつくのかみ》

第十一帖　（五〇三）

騙した岩戸からは、騙した神が出て、嘘の世となったのぢゃ。この道理、分かるであろ。偽神《にせがみ》やら、騙した神やら、次々に五度《ごたび》の岩戸閉めと申してあろが。丹波《たんば》はタニワ。タニワとは日の本《もと》の国ぞ。世界のことぞ。丹波とは、丹波一《いち》とは世界の中心ということぞ。☉の本ということぞ。君《きみ》の国ざぞ。扶桑《ふそう》の国ざぞ。地場《じば》ざぞ。分かりたか。地場を固めなならんぞ。五十鈴《いすず》の川は陸奥《むつ》の川、和合の川ぞ。社《やしろ》は八方に開《ひら》く時来たら、八尋殿《やひろどの》建ててくだされよ。まことの八《や》尋殿《ひろどの》。

何も分からん無茶苦茶者が、偉そうな名の神懸《かみがか》りして、何も知らん人民をたぶらかしているが、今に尻尾を出してくるぞ。尻尾摑まらんうちに改心して、神の道に従ってこいよ。

八月二十三日

日津久神《ひつくのかみ》

第十二帖　（五〇四）

神は人民には見えん頼りないものであるが、頼りないのが頼りになるのであるぞ。外国ゆきとは幽界ゆきのことぞ。時節来ておれど、人民心《ごころ》で急《せ》くでないぞ。急《せ》くとしくじるぞ。

あちらに一人、こちらに一人という風《ふう》に残るくらい惨《むご》いことにせなならんようになっているのざから、一人でも多く助けたい親心汲み取りて、早う言うこと聞くものぢゃ。ここまで筆どおりに出ていても、まだ分からんのか。疑うのにもあまりであるぞ。

地《ち》に高天原《たかあまはら》ができるのざぞ。天《てん》の神、地《ち》に降《お》りなされ、地《ち》の神と御《ご》一体となりなされ、大日津久神《おおひつくのかみ》と現れなさる日となったぞ。結構であるぞ。肉体のことは何とか分かるであろうが、魂《たま》は分かるまい。永久《とわ》に魂《たま》は生き通しであるから、魂《たま》の因縁の分かる所は、ここの筆よりほかにはいくら探してもないのざぞ。

八月二十三日

日津久神《ひつくのかみ》

第十三帖（五〇五）

表に出ている神々様に和合してもろて、世の立て替えに掛かりてくだされよ。苦労なしには何事も成就せんぞ。苦を楽しめよ。

この世を乱したのは、神界から。この世乱した者が、この世を直さねばならんのざぞ。この道理分かるであろうがな。立て直しの御用に使う身魂は、この世を乱した神々様であるぞよ。

秘密は秘密でないぞ。火と水であるぞ。明らかな光であるぞ。火水《ひみず》のまことを、悪神《あくがみ》にたぶらかされて分からなくなったから、秘密となったのであるぞ。秘密は必ず現れてくるぞ。

あと七つの円居《まどい》ができるぞ。一つには◎の印《しるし》つけよ。この世一切《いっさい》のことを立て替えるのぢゃ。神の道も変えるぞ。心の置きどころも変えるぞ。

八月二十三日

日津久神《ひつくのかみ》

第十四帖（五〇六）

何も分からん枝葉の神に使われていると、気の毒できるぞ。早うその神と共にここへ参りて、まことの言《こと》を聞いて、まことに早う立ち返りてくだされよ。まこと（〇九十《まこと》）とは、〇一二三四五六七八九十《まひふみよいむなやこと》であるぞ。一二三四五六七八《ひふみよいむなや》、隠れているのざぞ。
縁《えん》あればこそ、そなた達を引き寄せたのぢゃ。この度の二度とない大手柄の差し添えとなってくだされよ。なれる因縁の、尊い因縁を壊すでないぞ。見てみよれ、真っただ中となりたら、学でも知でも金《かね》でもどうにもならん、見当取れんことになるのぢゃ。今は神を死なして人民が上《うえ》になっているが、そうなってから神に助けてくれと申しても、時が過ぎているから、時の神様がお許しなさらんぞ。まことになっていれば、何事もスラリスラリぞ。

八月二十三日

日津久神《ひつくのかみ》

第十五帖（五〇七）

学や知や金《きん》がチラチラ出るようでは、まことが磨けてはおらんのぢゃ。今の法律でも、教育でも、兵隊でも、宗教でも、この世は立て直らんぞ。新しき光が生まれて、世を救うのぢゃ。新しき光とは、この筆ぢゃ、この神ぢゃ。七つの花が八つに咲くぞ。この筆、八通りに読めるのぢゃ。七通りまでは、今の人民さんでも何とか分かるなれど、八通り目はなかなかぞ。一厘《いちりん》が隠してあるのぢゃ。隠したものは現れるのぢゃ。現れているのぢゃ。何でもないことが、なかなかのことぢゃ。分かりたか。

八月二十三日

日津久神《ひつくのかみ》

第十六帖（五〇八）

今離れた人民、ここが良くなったと言うて帰ることは恥ずかしいことになって、帰っても変なことになるぞ。今のうちに早う立ち返って、御用結構ぞ。世界に、人民に分からん、珍しきことを出すぞ。皆この神の仕組であるから、変わったこと、分からんことがいよいよとなったら、神世近づいたのであるぞ。

役員には、筆の腹に入った者がなるのざぞ。役員の身魂はたくさんあれど、筆読まねば役員にはなれないのざぞ。なれば、スコタンばかり。長らく世に落ちていた神人《かみひと》、神々様を世にお上げせねば、世は良くならんのざぞ。軽く見るから筆分からんのぢゃ。人も軽く見てはならんぞ。

八月二十三日　日津久神《ひつくのかみ》

第十七帖　（五〇九）

天地《てんち》引っ繰り返るということは、身魂が引っ繰り返るということぞ。筆読みて聞かせよ。目も鼻も開《あ》けておられんことが、立て替えの真っ最中になると出てくるぞ。信仰の人と、無信仰の人と、いよいよ立て分けの時ぢゃぞ。まこと一つで生き神に仕え奉《まつ》れよ。

八月二十三日

日津久神《ひつくのかみ》

第十八帖　（五一〇）

人民の我《が》では通らん時となったくらい、分かっておろがな。早う我《が》捨てて、この方《ほう》について参れよ。素直にいたせば、楽にゆけるのざぞ。大峠越せるのざぞ。時節の仕組、なかなか人民には分かるまいがな。悪抱《いだ》き参らすためには、我《わ》が子にまで天《てん》の咎《とが》を負わせ、善の地《ち》の先祖様まで押し込めねば、一応抱《いだ》くことできんのであるぞ。ここの秘密知るものは、天《てん》の御《ご》先祖様と地《ち》の御《ご》先祖様よりほかにはないのであるぞ。我《われ》が我《われ》がと早う出世したいようでは、心変えんと、人民は御用難しいぞ。神には分け隔てなし。隔ては人民の心にあるぞ。この道は因縁なくしては分からん、難しい道であれど、この道貫かねば、世界は一平《いったいら》にならんのぢゃ。縁《えん》ある人は、勇んでゆけるのぢゃ。神が守るから、お蔭《かげ》万倍ぢゃ。神の帳面、間違いないぞ。

思うようにならぬのは、ならぬ時は、我《われ》の心に聞いてみるがよいぞ。神の仕組は変わらねど、この世では、人民の心次第で良くも悪くも出てくるのざぞ。仕組は変わらねど、出てくるのが変わるのぢゃ。悪く変わると気の毒なから、くどう申しているのざぞ。

八月二十三日　日津久神《ひつくのかみ》

第十九帖　（五一一）

耳（御身《みみ》）に一二三《ひふみ》聞かするぞ。いよいよ耳に聞かす時ざぞ。それぞれ人に応じて、時によって、口から耳に、腹から腹に知らしてくれよ。

あなさやけあな清々《すがすが》し岩戸開《あ》けたり

二十三巻でこの方《ほう》の筆の終わり、終わりの終わりざぞ。あとの七つの巻は宝としてあるのざぞ。今に分かりてくるぞ。合わせて三十の巻、それが一つの節ざぞ。天明《てんめい》、耳（御身《みみ》）に聞かすぞ。良きに計らえ。この行なかなかざぞ。

八月二十三日《ち》

日津久神《ひつくのかみ》筆これまで

底本

岡本天明『一二三』至恩郷

主な参考文献

岡本天明『原典　日月神示』新日本研究所
岡本天明（書）、中矢伸一（校訂）『完訳　日月神示』ヒカルランド
岡本天明『新版　ひふみ神示』コスモビジョン

一二三《ひふみ》（二）

2023年6月10日　第1刷発行

著　者　　岡本天明
補　訂　　奥山一四
発行人　　久保田貴幸

発行元　　株式会社 幻冬舎メディアコンサルティング
〒151-0051　東京都渋谷区千駄ヶ谷4-9-7
電話　03-5411-6440（編集）

発売元　　株式会社 幻冬舎
〒151-0051　東京都渋谷区千駄ヶ谷4-9-7
電話　03-5411-6222（営業）

印刷・製本　中央精版印刷株式会社
装　丁　　弓田和則

検印廃止

Printed in Japan
ISBN 978-4-344-94385-8　C0014
幻冬舎メディアコンサルティングＨＰ
https://www.gentosha-mc.com/